대한검정회 한자급수자격검정시험대비

오늘한자

8급

에듀히어로
Edu HERO

"진짜 히어로는 우리 아이들입니다!"

에듀히어로는
우리 아이들이 밝고 건강한 내일을 꿈꿀 수 있도록
긍정적이고 효과적인 교육 서비스를 제공하는 것을
최우선 목표로 하고 있습니다.

그 존재만으로도 든든한 히어로처럼 아이들의 곁에서
힘이 되어 주고, 나아가 아이들 각자가 스스로의 인생 속
히어로가 될 수 있도록

우리는 진심과 열정을 다해 아이들과 함께할 것을 약속 드립니다.

네이버 카페
교재 상세 소개와 진단 테스트 및 유용하게 풀 수 있는 학습 자료를 다운로드 해 보세요.

인스타그램
에듀히어로 인스타그램을 팔로우하시면 다양한 이벤트와 신간 소식을 빠르게 만나 보실 수 있습니다.

카카오톡 채널
자녀 공부 상담 및 자유로운 질문을 남겨 주세요. 함께 고민하고 답변해 드리겠습니다.

히어로컨텐츠 HEROCONTENTS

발행일 2024년 1월 **발행인** 이예찬

기획개발 한송이 **발행처** 히어로컨텐츠

디자인 KL Design **삽화** 정유나

감수 및 모의시험 출제 김률민(前 대한검정회 시험출제위원)

주소 서울특별시 금천구 서부샛길 632, 7층(대륭테크노타운5차)

전화 02-862-2220 **팩스** 02-862-2227

지원카페 cafe.naver.com/eduherocafe **인스타그램** @edu__hero **카카오톡** 에듀히어로

*잘못된 책은 바꿔드립니다.
*이 책의 전부 또는 일부 내용을 재사용하려면 사전에 저작권자의 동의를 받아야 합니다.

대한검정회 한자급수자격증이 생기는 마~법!

우리말에는 한자로 구성된 많은 한자어가 포함되어 있기 때문에 한자를 배우면 우리말 또한 더욱 잘 이해할 수 있고 풍성하게 표현할 수 있어요. 이 책에 수록한 기초 한자와 한자어를 학습하고 한자급수자격검정시험을 준비하는 과정은 말과 글을 배우고 익히는 어린이들에게 다음과 같은 여러 장점을 줄 수 있어요.

일상 속 한자와 한자어 이해

한 개의 한자를 학습하는 것만으로도 학습 한자와 관련된 여러 한자어의 의미를 익히고 유추할 수 있게 돼요. 한자어의 뜻을 무작정 외우려고 하기보다는, 일상에서 쓰이는 한자를 배우고 익힘으로써 자연스럽게 한자어의 뜻을 파악하고 이해할 수 있게 됩니다.

어휘력, 표현력, 문해력, 의사소통 능력 향상

한자를 아는 것은 어휘력, 문해력 및 표현력 향상에 큰 도움이 돼요. 책을 읽거나 대화를 나눌 때도 문장의 뜻을 더욱 잘 이해하고 자신의 의견을 상대방에게 더욱 풍부하게 표현할 수 있어요. 이는 서로 간의 원활하고 다채로운 의사소통을 가능하게 해 줍니다.

교과 과목 학습 흥미, 학업 성취도 향상

한자를 알면 학교에서 배우는 교과서 속 한자어들을 마냥 어려워하거나 낯설어 하지 않게 돼요. 뜻 모를 한자어에 주눅 들지 않고 자연스럽게 학교 수업에 즐겁게 참여하게 되고, 이는 과목에 대한 흥미 향상과 학업 성취도 향상으로 이어지게 됩니다.

자신감, 성취감 달성

무엇보다도 대한검정회 한자급수자격검정시험 준비 및 합격의 과정을 통해 아이들에게 '할 수 있어!'라는 자신감과 '해냈어!'라는 성취감의 씨앗이 무한히 자라게 됩니다.

스스로 책을 읽거나 자기 생각을 조리 있게 표현하기 시작하는 연령대의 어린이들이 1일 1개의 한자 학습으로 우리말 속 한자어를 더욱 잘 이해할 수 있는 동시에, 한자급수자격검정시험 합격이라는 소중한 성취감을 달성할 수 있기를 진심으로 응원합니다!

에듀히어로

이 책의 구성과 특징

하루 1자씩 30일 프로그램

대한검정회에서 주관하는 한자급수자격검정시험 8급의 선정 한자는 30자입니다.
[오늘한자 8급]은 선정 한자 30자를 한 주에 5자씩 배분하여 하루에 1자씩 6주에 걸쳐 공부하도록 구성하였습니다. 따라서 딱 30일이면 8급 한자 전부를 완벽하게 학습하고 시험을 대비할 수 있습니다.

1. '한눈에 보는' 주차별 한자

한 주 동안 공부할 한자를 한눈에 확인해 보고 새로운 한자에 대한 기대와 흥미를 유발하여 학습 효과가 극대화됩니다.

2. '하루 한 자' 오늘 한자

큰 글씨의 한자와 한자의 뜻이 연상되는 그림, 한자가 형성된 원리와 일상 속 한자어를 함께 수록하여 재밌고 자연스럽게 학습합니다.

3. '또박또박' 따라 쓰기

한자마다 획순을 익혀 가며 학습하고 빈칸에 한 글자씩 또박또박 따라 쓰다 보면, 바른 필체를 갖게 되고 집중력이 향상됩니다.

4. '실력쑥쑥' 연습 문제

당일에 배운 한자와 연관된 다양한 유형의 연습 문제를 풀어 보며, 한자 실력에 대한 자신감이 자라납니다.

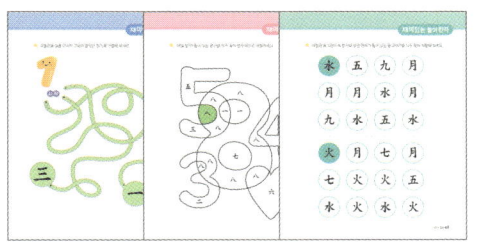

5. '재미있는' 놀이 한자

꼬불꼬불 미로 찾기, 반듯반듯 선 잇기, 알쏭달쏭 스도쿠 등 다양한 놀이를 통해 한자를 쉽고 재미있게 익힙니다.

6. '족집게' 예상 문제

급수 시험과 동일한 형태의 예상 문제로 한 주의 한자 학습을 마무리하며, 학습 효과를 점검하고 시험에 대한 자신감을 길러 줍니다.

7. 부록

❶ '차근차근' 확인 학습

8급 30자의 한자와 음운을 빈칸에 쓰면서 차근차근 확인할 수 있도록 구성했습니다.

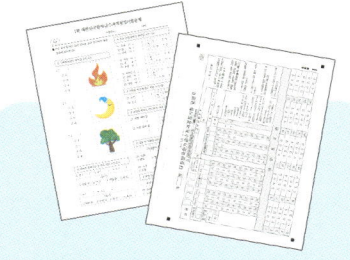

❷ 모의시험과 OMR 답안지

기출 유형을 면밀히 분석하여 모의시험을 구성했으며, 답안지 작성법을 익힐 수 있도록 실제 OMR 답안지를 수록했습니다.

❸ '손안에 쏙' 한자 카드

간편하게 휴대할 수 있는 알록달록 귀여운 그림과 학습 한자가 수록된 한자 카드를 구성했습니다.

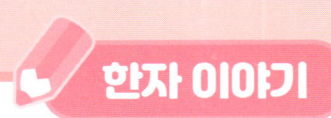

한자의 기본 구성 요소

한자는 한자의 생김새나 모양을 뜻하는 '형(形)'과 한자가 가지고 있는 뜻을 나타내는 '훈(訓)', 그리고 한자를 읽을 때 소리인 '음(音)'으로 이루어져 있어요.

한자 학습 기초 용어

한자 공부를 할 때, 자주 쓰이는 용어들이에요. 학습 용어의 뜻을 알면, 문장이나 문제의 뜻도 어렵지 않게 잘 이해할 수 있어요.

획	한자를 쓸 때 한 번 그은 줄이나 점	획순	한자를 쓸 때 획을 긋는 순서
가로	왼쪽에서 오른쪽으로의 방향	세로	위에서 아래로의 방향
훈	한자의 뜻	음	한자의 소리
부수	한자의 뜻을 대표하는 한자	동의자	같은 뜻을 가지고 있는 한자
유의자	비슷한 뜻을 가지고 있는 한자	반의자	반대의 뜻을 가지고 있는 한자

한자의 획순

한자는 획으로 이루어져 있고, 이 획은 몇 가지 정해진 규칙에 따라 씁니다. 이 규칙을 잘 알고 있으면 한자를 바르게 쓸 수 있어요.

❶ 위에서부터 아래로 써요.
三 → 三 三 三

❷ 왼쪽에서부터 오른쪽으로 써요.
江 → 江 江 江 江 江

❸ 가로획과 세로획이 겹칠 때는 가로획부터 써요.
用 → 用 用 用 用 用

❹ 삐침과 파임이 있을 때는 삐침을 먼저 써요.
人 → 人 人

❺ 획이 좌우 대칭일 때는 가운데를 먼저 써요.
小 → 小 小 小

❻ 둘러싼 모양의 한자는 바깥쪽을 먼저 써요.
內 → 內 內 內 內

❼ 한자를 가로지르는 가로획은 나중에 써요.
母 → 母 母 母 母 母

❽ 한자 전체에 긋는 세로획은 나중에 써요.
牛 → 牛 牛 牛 牛

❾ 왼쪽에 있는 부수 중 책받침은 나중에 써요.
迅 → 迅 迅 迅 迅 迅 迅 迅

❿ 오른쪽 위에 있는 점은 나중에 써요.
犬 → 犬 犬 犬 犬

한자의 부수

부수는 뜻으로 나누어 놓은 한자의 무리에서 뜻을 대표하는 글자로, 한자 자전에서 글자를 찾는 길잡이 역할을 해요. 부수는 한자의 뜻과 관련이 있기 때문에 부수를 잘 익혀 놓으면 모르는 한자의 뜻도 짐작해 보거나 이해할 수 있어요. 부수에 해당하는 한자가 다른 글자 속에 위치할 때는 그 모양이 변하기도 해요(水→江). 부수는 한자의 여러 위치에 놓여 쓰이는데, 놓이는 위치에 따라 부수를 이르는 말이 각각 달라요.

변

부수가 글자의 **왼쪽**에 있을 때

방

부수가 글자의 **오른쪽**에 있을 때

머리

부수가 글자의 **위**에 있을 때

발

부수가 글자의 **아래**에 있을 때

받침

부수가 글자의 **왼쪽**과 **아래**에 걸쳐 있을 때

엄호

부수가 글자의 **위**와 **왼쪽**에 걸쳐 있을 때

몸

부수가 글자의 **바깥 부분**을 둘러싸고 있을 때

제부수

글자 자체가 **부수**일 때

한자의 육서

한자가 만들어지고 사용되는 원리에 대한 여섯 가지 명칭을 '육서(六書)'라고 해요.
육서(六書)를 살펴보면 한자가 어떻게 만들어지고, 어떻게 쓰여 왔는지를 알 수 있어요.

상형 실제 사물의 모습을 그대로 본떠 만들고, 사물의 특징을 비교적 간단한 선으로 표현하여 한자를 만드는 방법이에요.

지사 점 또는 선으로 상징적인 부호를 표현하거나 추상적인 개념을 뜻하는 한자를 만드는 방법이에요.

회의 두 개 이상의 상형자 또는 지사자를 합해 새로운 뜻을 가진 한자를 만드는 방법이에요.

형성 한 한자의 뜻을 표현하는 부분과 다른 한 한자의 소리를 표현하는 부분을 합해 새로운 한자를 만드는 방법이에요.

전주 새로운 한자를 만드는 것이 아닌, 이미 있는 한자의 의미를 변화시켜 다른 뜻으로 사용하는 방법이에요.

가차 어떤 뜻을 나타내는 한자가 없을 때, 뜻과는 상관없이 발음이 같거나 비슷한 한자를 빌려와 새 한자를 만드는 방법이에요.

대한검정회 한자급수자격검정시험 소개

한자급수자격검정시험 주최 기관 및 등급 유형

- **자격명**: 한자급수자격검정
- **주최 기관**: 사단법인 대한민국한자교육연구회 대한검정회
- **등록등급**: 8급, 7급, 6급, 준5급, 5급, 준4급, 4급, 준3급, 3급, 대사범
- **공인등급**: 준2급, 2급, 준1급, 1급, 사범

한자급수자격검정시험 출제 형식 및 합격 기준

급수별 상세 항목	교육 급수											
	8급	7급	6급	준5급	5급	준4급	4급	준3급	3급	준2급	2급	준1급	1급
선정 한자 수 (*신규 한자)	30자	50자 (*20자)	70자 (*20자)	100자 (*30자)	250자 (*150자)	400자 (*150자)	600자 (*200자)	800자 (*200자)	1,000자 (*200자)	1,500자 (*500자)	2,000자 (*500자)	2,500자 (*500자)	3,500자 (*1,000자)
출제 문항 수	25문항	50문항								100문항		150문항	
출제 형식	객관식(25문항)	객관식(50문항)								객관식(50문항) 주관식(50문항)		객관식(50문항) 주관식(100문항)	
합격 기준 (70점 이상)	25문항 중 18문항 이상	50문항 중 35문항 이상								100문항 중 70문항 이상		150문항 중 105문항 이상	
시험 시간(분)	40분									60분		90분	

*각 급수별 선정 한자 수는 하위 급수의 선정 한자 수를 포함한 것입니다.
(예: 8급 선정 한자 30자 + 7급 신규 한자 20자 = 7급 선정 한자 50자)

대한검정회 한자급수자격검정시험 응시 유형 및 유의 사항

항목	현장 한자급수자격검정시험	온라인 한자급수자격검정시험
응시 가능 등급	8급 ~ 대사범	8급 ~ 준3급
준비물	• 수험표, 검정색 볼펜, 수정 테이프, 실내화 • 신분증 단, 8급~준3급 응시자 중 만 12세 이하의 경우 신분증 없이 수험표만으로도 고사장 입실 가능	• 시험 응시 기기: PC, 노트북, 태블릿 PC 중 택 1 • 신분 확인 기기: 스마트폰
유의 사항	• 13시 40분까지 본인 응시 좌석에 착석 • 반드시 전자기기의 전원 버튼 끄기 (부정 행위 방지) • 답안 표기 수정 시 답안지 교체 요청 또는 수정 테이프로 수정	• 인터넷 연결이 원활하며 정숙하게 시험을 마칠 수 있는 실내 공간에서 응시(야외X, 자동차 안 X) • 온라인 고사실(Zoom) 입실 시간에 맞춰 실명으로 입장

원서 접수 및 응시 일정은 대한검정회 사정에 의해 변경될 수 있으므로 대한검정회 홈페이지를 참조하시기 바랍니다.
(https://www.hanja.ne.kr)

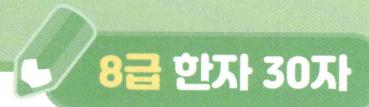

8급 한자 30자

ㄱ 九 아홉 구	金 쇠 금	**ㄴ** 南 남녘 남	男 사내 남	女 여자 녀
ㄷ 東 동녘 동	**ㄹ** 六 여섯 륙	**ㅁ** 母 어머니 모	木 나무 목	門 문 문
ㅂ 父 아버지 부	北 북녘 북	**ㅅ** 三 석 삼	四 넉 사	西 서녘 서
水 물 수	十 열 십	**ㅇ** 二 두 이	月 달 월	五 다섯 오
人 사람 인	日 날 일	一 한 일	**ㅈ** 子 아들 자	弟 아우 제
ㅊ 七 일곱 칠	**ㅌ** 土 흙 토	**ㅍ** 八 여덟 팔	**ㅎ** 兄 맏 형	火 불 화

차례

1주차 숫자 ① ·········· 13
一, 二, 三, 四, 五

2주차 숫자 ② ·········· 35
六, 七, 八, 九, 十

3주차 요일 ·········· 57
月, 火, 水, 木, 金

4주차 요일, 사람 ·········· 79
土, 日, 女, 男, 人

5주차 가족 ·········· 101
子, 父, 母, 兄, 弟

6주차 방위 ·········· 123
東, 西, 南, 北, 門

정답 및 부록 ·········· 145
확인 학습, 모의시험, 정답,
OMR 답안지, 한자 카드

1주차
숫자 ①

1주차에 배울 한자를 살펴보세요.

- **1일** 一 한 일 ················ 14
- **2일** 二 두 이 ················ 18
- **3일** 三 석 삼 ················ 22
- **4일** 四 넉 사 ················ 26
- **5일** 五 다섯 오 ··············· 30

⭐ 1주차 8급 예상 문제 ················ 34

오늘 한자

 한  일

하나를 뜻하고,
일이라고 읽어요.

형성 원리 [상형·지사] 막대기 한 개를 옆으로 뉘어 놓은 모양, 또는 손가락 한 개를 편 모양을 본뜬 글자로, '하나', '첫째', 또는 '한 번'을 뜻해요.

일상 속 한자어
일생(一生): 세상에 태어나서 죽을 때까지의 동안.
제일(第一): 여럿 가운데서 첫째가는 것.
일등(一等): 순위나 등급을 정하는 일에서 첫 번째.

 '한 일'을 모두 찾아 ○표 하세요.

또박또박 따라 쓰기

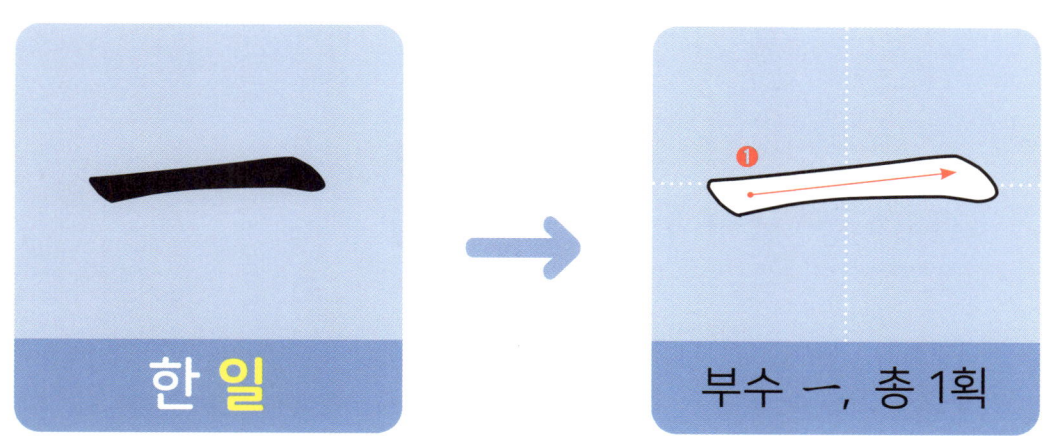

부수 一, 총 1획

한 일

◆ 쓰는 순서에 맞추어 한자를 바르게 쓰고 익혀 보세요.

쓰는 순서 一			
一			
한 일			

실력쑥쑥 연습 문제

[1-2] 그림과 어울리는 문장이 되도록 빈칸에 알맞은 한자를 써 보세요.

1 ☐ 月

   ☐☐ (1월) 1일이 되면 새해가 시작됩니다.

2 ☐ 生

   연어는 알을 낳자마자 ☐☐ (일생)을 마칩니다.

3 밑줄 친 두 부분을 공통으로 뜻하는 한자를 골라 그 번호를 쓰세요. ( )

- 보라는 달리기에서 일등을 차지하였습니다.
- 물고기 한 마리를 잡았습니다.

① 一　　　② 二　　　③ 三　　　④ 四

4 다음 문장의 괄호 안에 쓰인 한자의 뜻과 음을 써 보세요.

견우와 직녀는 (一)년에 한 번밖에 못 만납니다.

뜻 _____　　　음 _____

재미있는 놀이 한자

🖍 꼬불꼬불 길을 따라가 그림과 알맞은 한자를 연결해 보세요.

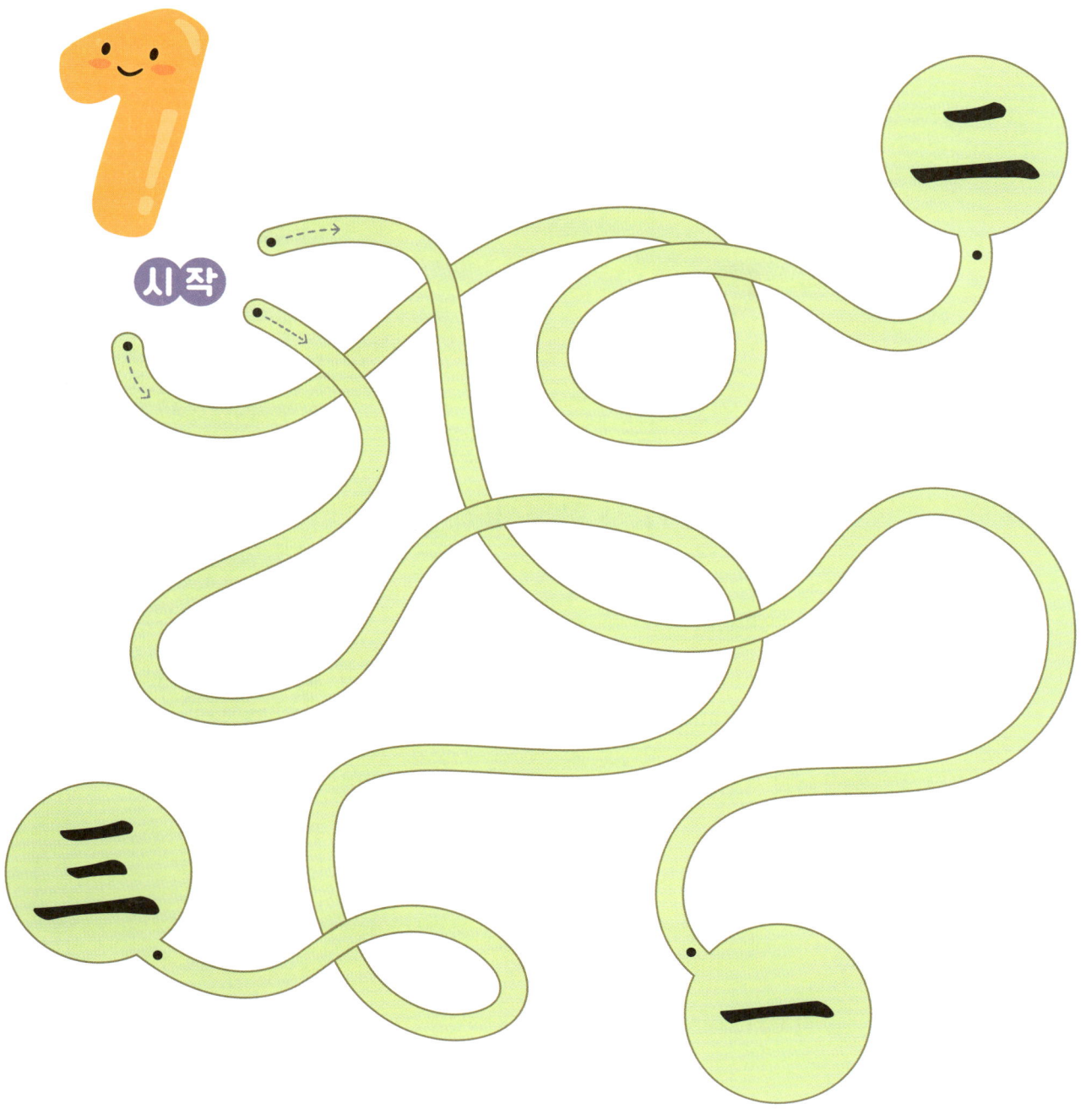

1주차_숫자① 17

2일 두 이

오늘 한자

뜻 두 음 이

둘을 뜻하고
이라고 읽어요.

> **형성 원리** [상형·지사] 막대기 두 개를 나란히 벌여 놓은 모양, 또는 손가락 두 개를 옆으로 편 모양을 본뜬 글자로, '둘'이나 '두 번'을 뜻해요.
>
> **일상 속 한자어** 이중(二重): 두 겹. 또는 두 번 거듭되거나 겹침.
> 이층(二層): 여러 층으로 된 건물의 두 번째 층.
> 이등분(二等分): 둘로 똑같이 나눔.

✏️ '두 이'를 모두 찾아 O표 하세요.

또박또박 따라 쓰기

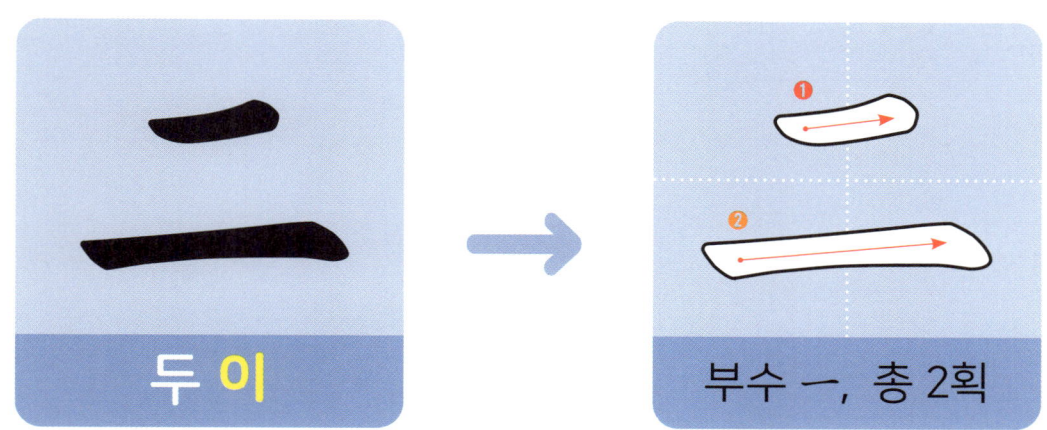

| | 두 이 | 부수 一, 총 2획 |

쓰는 순서에 맞추어 한자를 바르게 쓰고 익혀 보세요.

쓰는 순서 二 二

二			
두 이			

실력쑥쑥 연습 문제

[1-2] 다음 문장의 밑줄 친 부분을 뜻하는 한자를 써 보세요.

1. 그 책은 상하 두 권으로 되어 있습니다.

2. 일 년은 365일입니다.

[3-4] 그림에 알맞은 한자를 골라 그 번호를 쓰세요.

| 보기 | ① 一 | ② 二 | ③ 三 | ④ 四 |

3. ( )

4. ( )

[5-6] 별이 몇 개인지 세어 보고 알맞은 한자를 쓰세요.

재미있는 놀이 한자

◆ '二'가 들어 있는 동그라미를 모두 찾아 색칠해 보세요.

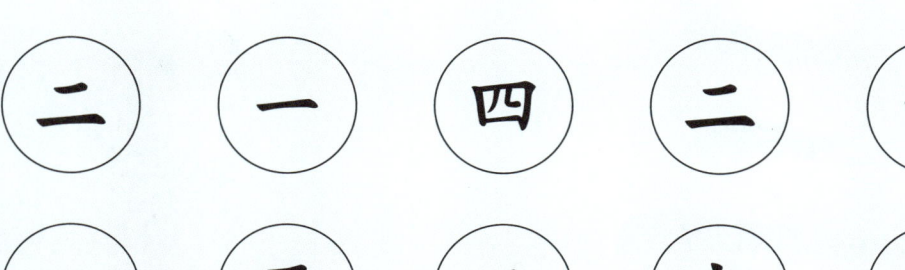

3일 석 삼

오늘 한자

뜻 석 음 삼

셋을 뜻하고
삼이라고 읽어요.

형성 원리 [상형·지사] 막대기 세 개를 늘어놓은 모양, 또는 손가락 세 개를 옆으로 편 모양을 본뜬 글자로, '셋'이나 '세 번'을 뜻해요.

일상 속 한자어 삼총사(三銃士): 매우 친하여 잘 어울려 다니는 세 사람을 비유적으로 이르는 말.
삼촌(三寸): 아버지의 형제를 이르거나 부르는 말.
삼각형(三角形): 세 개의 선분으로 둘러싸인 평면 도형.

✏️ '석 삼'을 모두 찾아 ⭕표 하세요.

또박또박 따라 쓰기

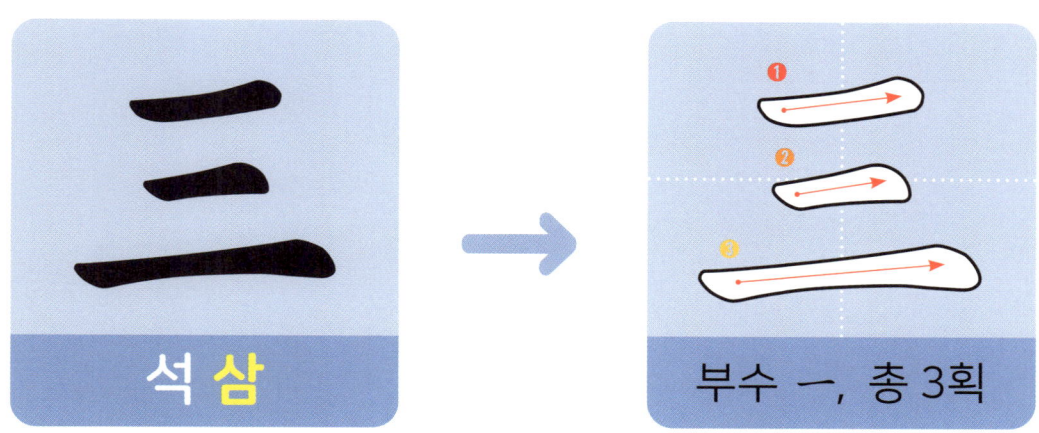

쓰는 순서에 맞추어 한자를 바르게 쓰고 익혀 보세요.

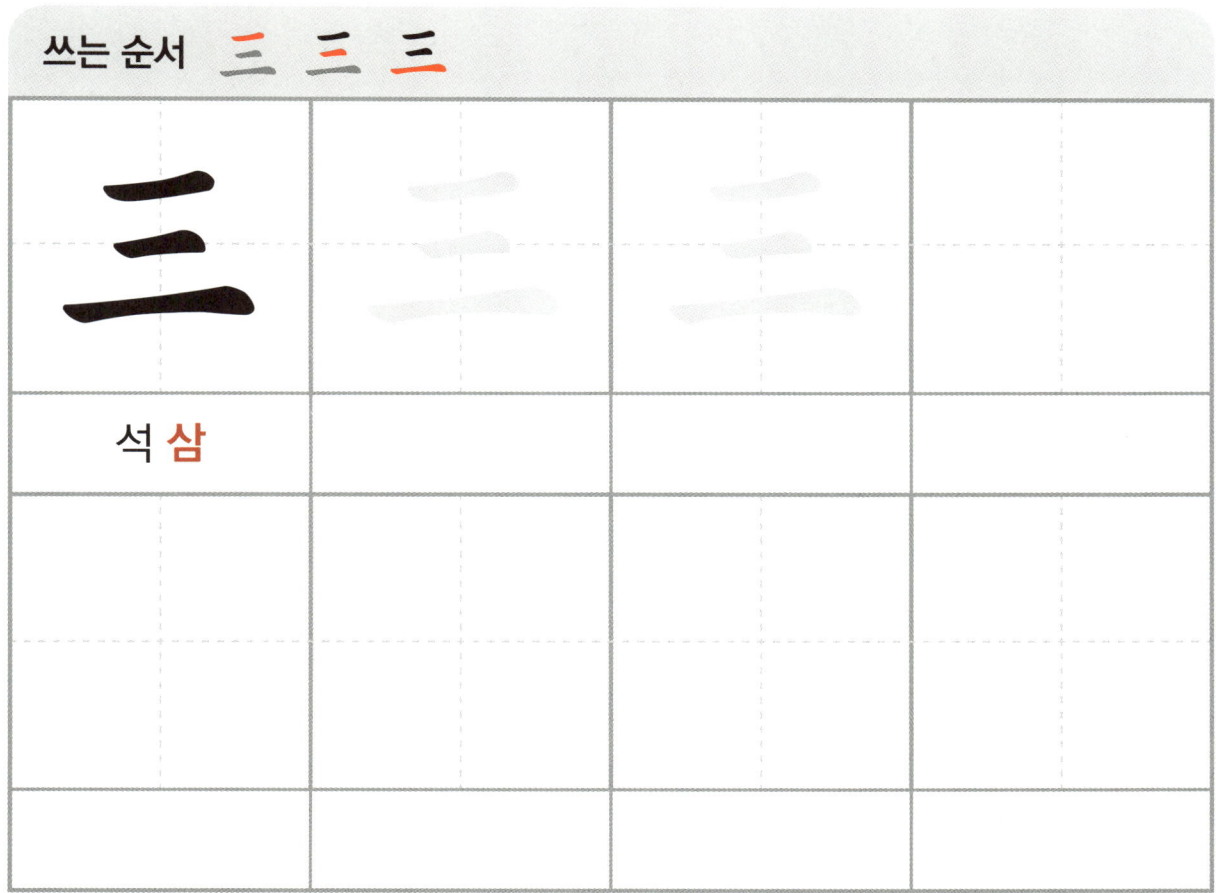

실력쑥쑥 연습 문제

[1-2] 다음 뜻과 음에 알맞은 한자를 쓰세요.

1 한 일 ☐

2 석 삼 ☐

3 밑줄 친 두 부분을 공통으로 뜻하는 한자를 골라 그 번호를 쓰세요. (   )

- 우리는 <u>삼</u>총사입니다.
- 내 동생은 <u>세</u> 살입니다.

① 一   ② 二   ③ 三   ④ 四

[4-5] 다음 한자의 진하게 표시된 획은 몇 번째에 쓰는지 그 숫자를 쓰세요.

4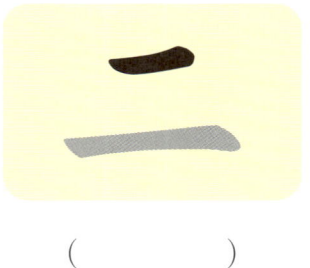

(   )

5

(   )

재미있는 놀이 한자

◆ 다음 한자의 뜻과 음을 적고, 한자의 뜻에 알맞은 숫자를 써 보세요.

一

뜻 _____

음 _____

숫자 _____

三

뜻 _____

음 _____

숫자 _____

二

뜻 _____

음 _____

숫자 _____

4일 넉 사

오늘 한자

뜻 넉 음 사

넷을 뜻하고
사라고 읽어요.

형성 원리 [상형·지사] 처음에는 막대기 네 개를 늘어놓은 모양을 본떠 亖로 사용했지만, 三(석 삼)과 혼동되었기 때문에 '숨 쉬다'라는 뜻으로 쓰이던 四를 빌려 사용했어요. 이것이 굳어져 지금은 四(넉 사)로 쓰여요. '넷'이나 '네 번'을 뜻해요.

일상 속 한자어 사계절(四季節): 봄, 여름, 가을, 겨울의 네 철.
사각형(四角形): 네 개의 선분으로 둘러싸인 평면 도형.

✏️ '넉 사'를 모두 찾아 ⭕표 하세요.

一　四　六　二　四　四

또박또박 따라 쓰기

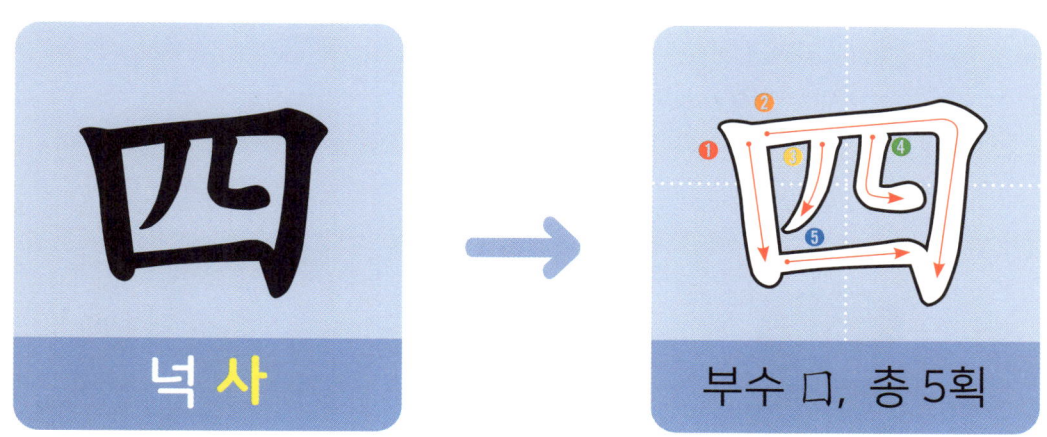

넉 사

부수 口, 총 5획

◆ 쓰는 순서에 맞추어 한자를 바르게 쓰고 익혀 보세요.

쓰는 순서	四 四 四 四 四		
四 넉 사	四	四	

실력쑥쑥 연습 문제

[1-2] 그림에 알맞은 한자를 골라 그 번호를 쓰세요.

| 보기 | ① 一 | ② 二 | ③ 三 | ④ 四 |

1
( )

2
( )

[3-4] 다음 한자의 뜻으로 알맞은 것을 골라 그 번호를 쓰세요.

| 보기 | ① 하나 | ② 둘 | ③ 셋 | ④ 넷 |

3 一 ( )　　　　**4** 四 ( )

[5-6] 다음 문장의 밑줄 친 부분을 뜻하는 한자를 써 보세요.

5 우리나라는 <u>사</u>계절이 있습니다. ☐

6 약속 시간은 <u>두</u> 시입니다. ☐

재미있는 놀이 한자

✏️ 가려진 곳에 알맞은 부분을 찾아 선으로 연결하여 '四(넉 사)'를 완성해 보세요.

1주차_숫자① 29

오늘 한자

5일 다섯 오

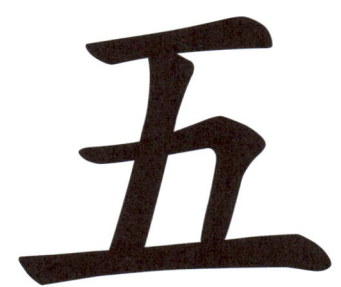

뜻 다섯 음 오

다섯을 뜻하고
오라고 읽어요.

형성 원리 [상형·지사] 막대기를 눕히는 모양으로 숫자를 표현하다, 四(넉 사)를 넘어가면서 혼동이 생기자 五(다섯 오)는 막대기를 엇갈려 놓은 모양으로 표현했어요. '다섯'이나 '다섯 번'을 뜻해요.

일상 속 한자어 오색(五色): 다섯 가지의 빛깔. 파랑, 노랑, 빨강, 하양, 검정.
삼삼오오(三三五五): 서너 사람 또는 대여섯 사람이 떼를 지어 다니거나 무슨 일을 함.

✏️ '다섯 오'를 모두 찾아 ○표 하세요.

一　　五　　六　　五　　二　　三

또박또박 따라 쓰기

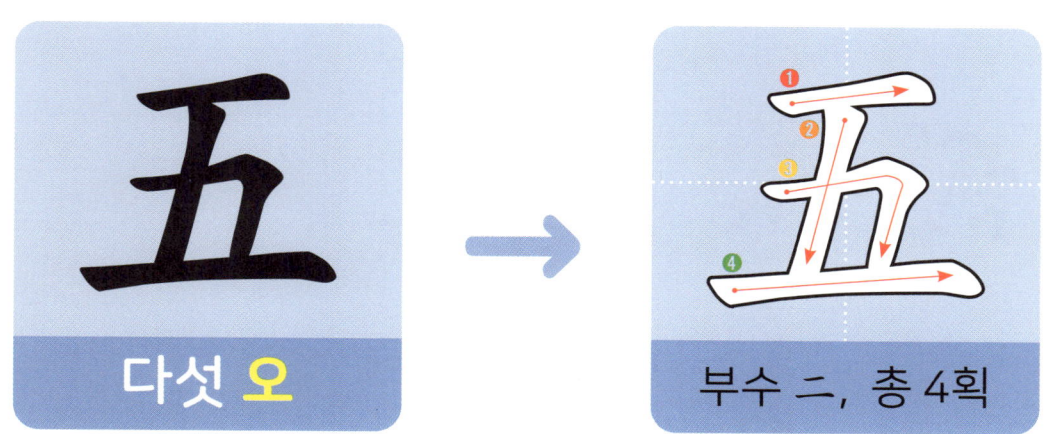

부수 二, 총 4획

◆ 쓰는 순서에 맞추어 한자를 바르게 쓰고 익혀 보세요.

쓰는 순서 五 五 五 五

五	五	五	
다섯 오			

실력쑥쑥 연습 문제

[1-2] 그림과 어울리는 문장이 되도록 빈칸에 알맞은 한자를 써 보세요.

1

| 三 | 三 | | |

아이들은 ☐ ☐ ☐ ☐ (삼삼오오) 모여 도시락을 먹었습니다.

2

| | 月 | | 日 |

☐ ☐ (오월) (오일)은 어린이날입니다.

3 밑줄 친 두 부분을 공통으로 뜻하는 한자를 골라 그 번호를 쓰세요. (   )

- 나는 연필을 <u>다섯</u> 자루 가지고 있습니다.
- <u>오</u>색 깃발이 바람에 휘날리고 있습니다.

① 一　　　　② 二　　　　③ 三　　　　④ 五

[4-6] 다음 한자의 뜻으로 알맞은 것에 O표 하세요.

4 二 (하나 , 둘)

5 四 (셋 , 넷)

6 五 (넷 , 다섯)

재미있는 놀이 한자

🔸 과일의 수를 세어 보고 알맞은 한자와 연결해 보세요.

1주차 8급 예상 문제

1 그림에 알맞은 한자를 고르시오. (   )

① 三   ② 二   ③ 四   ④ 一

[문제 2-4] 한자의 뜻과 음으로 바른 것을 고르시오.

> **보기**   ① 두 이   ② 석 삼   ③ 넉 사   ④ 다섯 오

2 三 (   )   **3** 五 (   )   **4** 二 (   )

5 밑줄 친 어휘를 바르게 읽은 것을 고르시오. (   )

> 아이들은 <u>三三五五</u> 모여 도시락을 먹었습니다.

① 이이오오   ② 삼삼사사   ③ 삼삼오오   ④ 일일삼삼

2주차

숫자 ②

2주차에 배울 한자를 살펴보세요.

- **6일** 六 여섯 륙 ········· 36
- **7일** 七 일곱 칠 ········· 40
- **8일** 八 여덟 팔 ········· 44
- **9일** 九 아홉 구 ········· 48
- **10일** 十 열 십 ········· 52

⭐ 2주차 8급 예상 문제 ········· 56

6일 여섯 륙

오늘 한자

뜻 여섯　음 륙

여섯을 뜻하고
륙(육)이라고 읽어요.

형성 원리 [상형·지사] 지붕 아래로 기둥이 세워져 있는 듯한 모양, 또는 양손의 세 손가락을 아래로 편 모양을 본뜬 글자로, '여섯'이나 '여섯 번'을 뜻해요.

일상 속 한자어 육십(六十): 십의 여섯 배가 되는 수.
육각형(六角形): 여섯 개의 직선으로 둘러싸인 평면 도형.
오륙일(五六日): 닷새나 엿새.

✏️ '여섯 륙'을 모두 찾아 ◯표 하세요.

三　六　七　六　八　四

✏️ 쓰는 순서에 맞추어 한자를 바르게 쓰고 익혀 보세요.

쓰는 순서 六 六 六 六

六			
여섯 륙			

실력쑥쑥 연습 문제

[1-2] 다음 한자의 뜻으로 알맞은 것을 골라 그 번호를 쓰세요.

> 보기   ① 셋   ② 넷   ③ 다섯   ④ 여섯

1 五 (   )   **2** 六 (   )

3 밑줄 친 두 부분을 공통으로 뜻하는 한자를 골라 그 번호를 쓰세요. (   )

- 나는 초등학교 <u>육</u> 학년입니다.
- 벌집은 수많은 <u>육</u>각형이 모여 있는 모양입니다.

① 二   ② 四   ③ 五   ④ 六

[4-6] 다음 한자의 뜻으로 알맞은 것에 O표 하세요.

4 一 (하나 , 둘)

5 三 (셋 , 넷)

6 六 (다섯 , 여섯)

재미있는 놀이 한자

나무에 六 은 몇 개가 있을까요? 수를 세어 보고 □ 안에 써 보세요.

7일 일곱 칠

오늘 한자

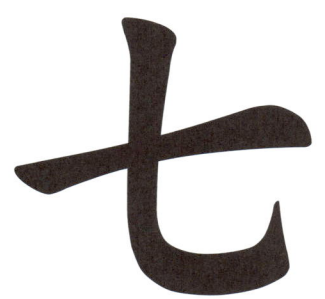

뜻 일곱 음 칠

일곱을 뜻하고
칠이라고 읽어요.

형성 원리 [상형·지사] 칼로 무언가를 내리치는 모습, 또는 한 손의 다섯 손가락을 위로 펴고 반대 손의 두 손가락을 옆으로 편 모양을 본뜬 글자로, '일곱' 이나 '일곱 번'을 뜻해요.

일상 속 한자어 칠석(七夕): 음력 7월 7일을 이르는 말.
칠교(七巧): 칠교도를 가지고 노는 놀이.
북두칠성(北斗七星): 국자 모양을 한 큰곰자리의 일곱 개의 별.

◆ '일곱 칠'을 모두 찾아 ◯표 하세요.

七 六 七 七 八 二

또박또박 따라 쓰기

쓰는 순서에 맞추어 한자를 바르게 쓰고 익혀 보세요.

쓰는 순서	七 七		
七 일곱 칠	七	七	

실력쑥쑥 연습 문제

[1-2] 그림과 어울리는 문장이 되도록 빈칸에 알맞은 한자를 써 보세요.

1 견우와 직녀는 ☐夕 (칠석)이 되어야만 만날 수 있습니다.

2 오늘은 할아버지의 ☐十 (칠십) 번째 생신날입니다.

[3-4] 다음 한자의 총 획수로 알맞은 것을 골라 그 번호를 쓰세요.

보기   ① 총 2획   ② 총 3획   ③ 총 4획   ④ 총 5획

3 五 (   )   4 七 (   )

[5-6] 다음 한자의 뜻으로 알맞은 것을 골라 그 번호를 쓰세요.

보기   ① 넷   ② 다섯   ③ 여섯   ④ 일곱

5 四 (   )   6 七 (   )

재미있는 놀이 한자

📝 한자와 알맞은 수를 서로 연결해 보세요.

8일 여덟 팔

오늘 한자

 여덟   팔

여덟을 뜻하고
팔이라고 읽어요.

형성 원리 [상형·지사] 사물이 반으로 쪼개진 모양, 또는 양손의 손가락을 네 개씩 편 모양을 본뜬 글자로, '여덟'이나 '여덟 번'을 뜻해요.

일상 속 한자어 팔도(八道): 우리나라 전체를 이르는 말.
팔방미인(八方美人): 여러 가지 일에 능숙한 사람.
사방팔방(四方八方): 여기저기 모든 방향이나 방면.

✏️ '여덟 팔'을 모두 찾아 ○표 하세요.

人　五　八　人　八　八

또박또박 따라 쓰기

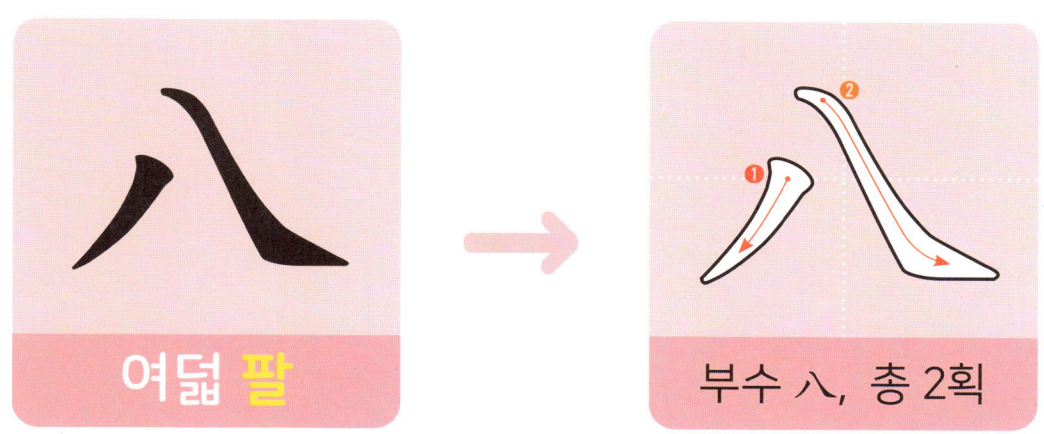

여덟 팔

부수 八, 총 2획

✏️ 쓰는 순서에 맞추어 한자를 바르게 쓰고 익혀 보세요.

쓰는 순서	八	八	
八 여덟 **팔**			

실력쑥쑥 연습 문제

[1-2] 다음 한자의 뜻과 음으로 알맞은 것을 골라 그 번호를 쓰세요.

> 보기   ① 한 일   ② 석 삼   ③ 여섯 륙   ④ 여덟 팔

1 六 (   )   **2** 八 (   )

3 밑줄 친 두 부분을 공통으로 뜻하는 한자를 골라 그 번호를 쓰세요. (   )

- 넷에 넷을 더하면 여덟입니다.
- 우리 집은 팔 층입니다.

① 五   ② 六   ③ 七   ④ 八

[4-6] 다음 한자가 뜻하는 수만큼 동그라미를 색칠하세요.

4 八 ○ ○ ○ ○ ○ ○ ○ ○
5 五 ○ ○ ○ ○ ○ ○ ○ ○
6 四 ○ ○ ○ ○ ○ ○ ○ ○

재미있는 놀이 한자

◆ '여덟 팔'이 들어 있는 공간을 모두 찾아 연두색으로 색칠하세요.

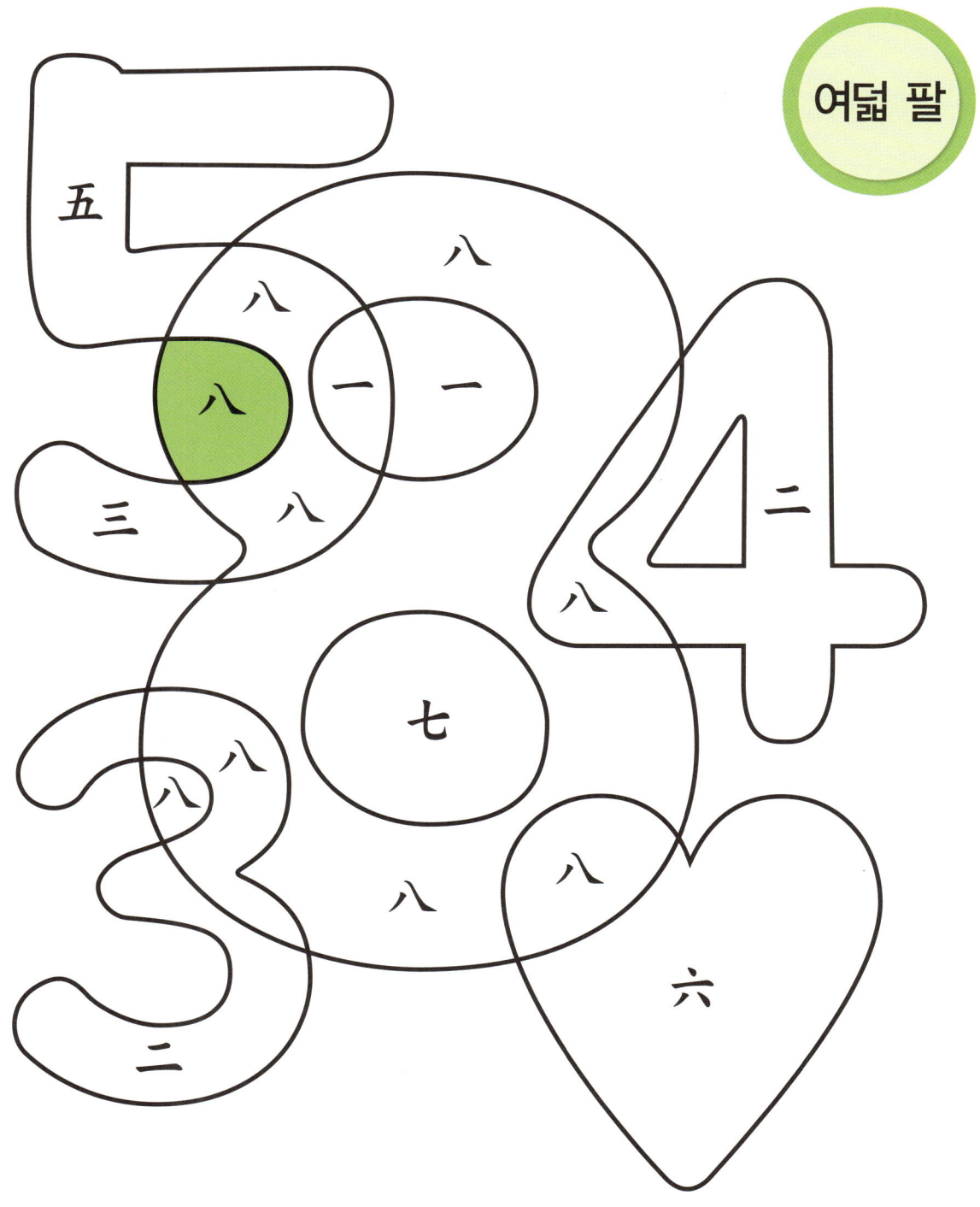

오늘 한자

9일 아홉 구

뜻 아홉 음 구

아홉을 뜻하고
구라고 읽어요.

형성 원리 [상형·지사] 사람의 구부린 팔뚝 모양, 또는 한 손의 다섯 손가락을 위로 펴고 반대 손의 네 손가락을 옆으로 편 모양을 본뜬 글자로, '아홉'이나 '아홉 번'을 뜻해요.

일상 속 한자어
구구단(九九段): 곱셈에 쓰는 기초 공식.
구미호(九尾狐): 꼬리가 아홉 개 달린 여우.
구사일생(九死一生): 죽을 고비를 여러 차례 넘기고 겨우 살아남.

✏️ '아홉 구'를 모두 찾아 ○표 하세요.

三　五　九　人　九　五

또박또박 따라 쓰기

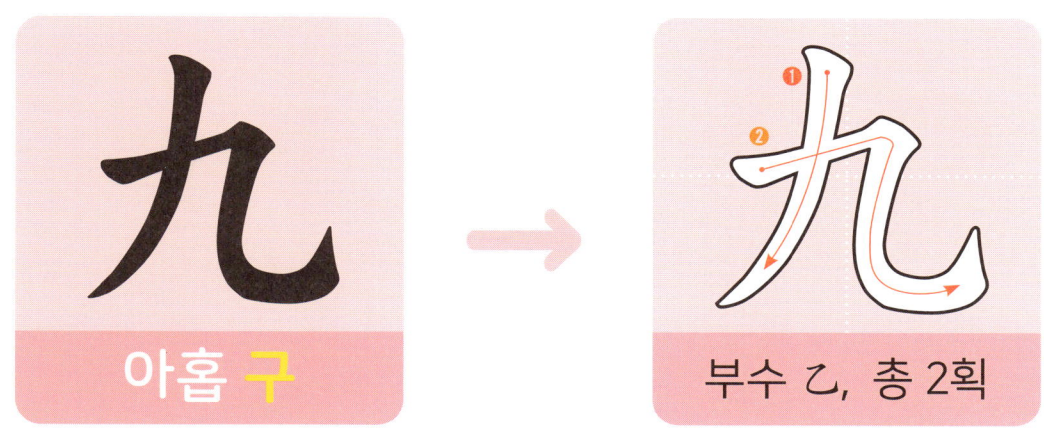

부수 乙, 총 2획

◆ 쓰는 순서에 맞추어 한자를 바르게 쓰고 익혀 보세요.

쓰는 순서 九 九

九	九	九	
아홉 구			

실력쑥쑥 연습 문제

[1-2] 그림과 어울리는 문장이 되도록 빈칸에 알맞은 한자를 써 보세요.

1 나는 ☐ 九 (구구)단을 잘 외웁니다.

2 민지는 꼬리가 아홉 달린 ☐ 尾 狐 (구미호)로 변장했습니다.

[3-4] 다음 한자의 뜻과 음으로 알맞은 것을 골라 그 번호를 쓰세요.

| 보기 | ① 한 일 ② 넉 사 ③ 여섯 륙 ④ 아홉 구 |

3 四 (   ) **4** 九 (   )

[5-6] 다음 문장을 읽고 물음에 알맞은 답을 골라 그 번호를 쓰세요.

> 수를 셀 때 다섯을 <u>五</u>라 하고, 아홉을 <u>구</u>라고 합니다.

5 위의 밑줄 친 '五'를 바르게 읽은 것은 무엇일까요? (   )
　① 이　　② 삼　　③ 사　　④ 오

6 위의 밑줄 친 '구'를 한자로 바르게 쓴 것은 무엇일까요? (   )
　① 六　　② 七　　③ 八　　④ 九

재미있는 놀이 한자

✏️ 아래 그림의 병아리 수를 세어 보고, 그 수를 뜻하는 한자와 선으로 연결해 보세요.

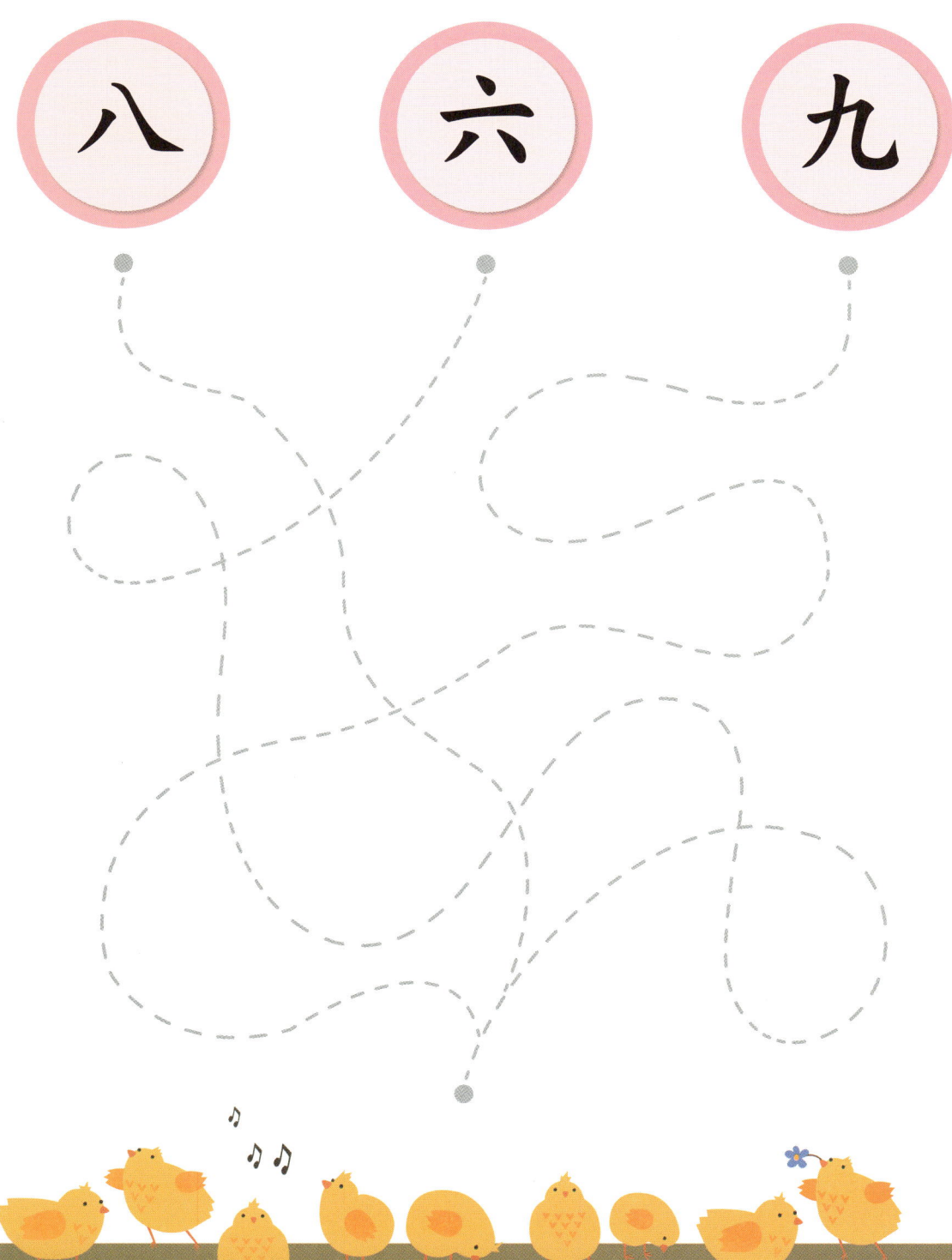

오늘 한자

10일 열 십

뜻 열 음 십

열을 뜻하고
십이라고 읽어요.

형성 원리 [상형·지사] 세로로 놓은 막대기에 가로 선을 더한 모양, 또는 두 손을 엇갈리게 합친 모양을 본뜬 글자로, '열'이나 '열 번'을 뜻해요.

일상 속 한자어 수십(數十): 십의 여러 배가 되는 수.
십자수(十字繡): 실을 '十' 자 모양으로 엇갈리게 놓는 수.
십자가(十字架): 기독교도를 상징하는 '十' 자 모양의 표.

◆ '열 십'을 모두 찾아 O표 하세요.

一　十　三　十　十　八

또박또박 따라 쓰기

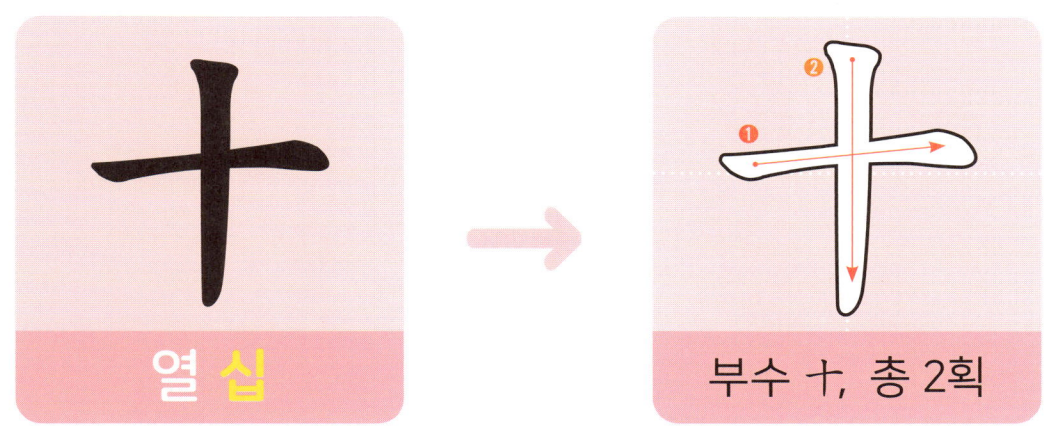

열 십

부수 十, 총 2획

◆ 쓰는 순서에 맞추어 한자를 바르게 쓰고 익혀 보세요.

쓰는 순서 十 十

十	十	十	
열 십			

실력쑥쑥 연습 문제

[1-2] 그림에 알맞은 한자를 골라 그 번호를 쓰세요.

> 보기   ① 두 이   ② 넉 사   ③ 일곱 칠   ④ 열 십

1
( )

2
( )

3 밑줄 친 두 부분을 공통으로 뜻하는 한자를 골라 그 번호를 쓰세요. ( )

- 하나부터 <u>열</u>까지 세어 보세요.
- 이 곱하기 오는 <u>십</u>입니다.

① 五   ② 六   ③ 十   ④ 八

[4-6] 다음 한자의 음을 ( ) 안에 써 보세요.

4 九는 ( ) (이)라고 읽습니다.

5 四는 ( ) (이)라고 읽습니다.

6 十은 ( ) (이)라고 읽습니다.

재미있는 놀이 한자

一 부터 十 까지 순서대로 연결하여 그림을 완성해 보세요.

족집게 예상 문제

⭐ 2주차 8급 예상 문제

1 그림에 알맞은 한자를 고르시오. (　　　)

① 七　　② 八　　③ 九　　④ 十

[문제 2-3] 뜻과 음에 알맞은 한자를 고르시오.

> 보기　① 五　　② 六　　③ 十　　④ 九

2 여섯 륙 (　　　)　　　**3** 아홉 구 (　　　)

[문제 4-5] 낱말을 한자로 바르게 쓴 것을 고르시오.

> 보기　① 八八　　② 九九　　③ 八九　　④ 六七

4 구구: 곱셈에 쓰는 기초 공식. (　　　)

5 팔구: 수량이 여덟이나 아홉임을 나타내는 말. (　　　)

3주차
요일

3주차에 배울 한자를 살펴보세요.

- **11일** 月 달 월 ·················· 58
- **12일** 火 불 화 ·················· 62
- **13일** 水 물 수 ·················· 66
- **14일** 木 나무 목 ··············· 70
- **15일** 金 쇠 금 ·················· 74

⭐ 3주차 8급 예상 문제 ·················· 78

11일
달 월

오늘 한자

뜻 달 음 월

달을 뜻하고
월이라고 읽어요.

형성 원리 [상형] 초승달의 모양을 본뜬 글자로, '하늘의 달'과 '날짜의 달'을 뜻해요.

일상 속 한자어 월요일(月曜日): 한 주가 시작되는 날.
세월(歲月): 흘러가는 시간.
월식(月蝕): 달이 지구의 그림자에 일부나 전부가 가려짐.

✏️ '달 월'을 모두 찾아 ○표 하세요.

月 九 八 月 月 六

또박또박 따라 쓰기

달 월

부수 月, 총 4획

쓰는 순서에 맞추어 한자를 바르게 쓰고 익혀 보세요.

| 쓰는 순서 | 月 | 月 | 月 | 月 |

月 달 월	月	月	

실력쑥쑥 연습 문제

[1-2] 그림에 알맞은 한자를 골라 그 번호를 쓰세요.

> 보기   ① 九   ② 十   ③ 月   ④ 八

1 (   )

2 (   )

3 밑줄 친 두 부분을 공통으로 뜻하는 한자를 골라 그 번호를 쓰세요. (   )

- 밤하늘에 보름달이 떴습니다.
- 월요일은 한 주가 시작되는 날입니다.

① 四   ② 六   ③ 十   ④ 月

[4-5] 다음 문장을 읽고 물음에 알맞은 답을 골라 그 번호를 쓰세요.

> 팔월 十五일은 광복절입니다.

4 위의 밑줄 친 '팔월'을 한자로 바르게 쓴 것은 무엇일까요? (   )

① 九月   ② 八日   ③ 三月   ④ 八月

5 위의 밑줄 친 '十五'를 바르게 읽은 것은 무엇일까요? (   )

① 십오   ② 십이   ③ 이오   ④ 오오

재미있는 놀이 한자

✏️ '달 월'과 관련된 그림이나 한자를 모두 찾아 ○표 하세요.

12일 불 화

오늘 한자

뜻 불 음 화

불을 뜻하고
화라고 읽어요.

- **형성 원리** [상형] 불길이 솟아오르는 모양을 본뜬 글자로, '불'을 뜻해요.
- **일상 속 한자어** 화산(火山): 땅속 깊은 곳에서 생성된 마그마나 가스가 땅 위로 분출되는 현상, 또는 그렇게 하여 만들어진 산.
  화성(火星): 태양계의 네 번째 행성.
  화재(火災): 불이 나는 재앙, 또는 불로 인한 재난.

✎ '불 화'를 모두 찾아 ○표 하세요.

火   人   八   火   火   八

또박또박 따라 쓰기

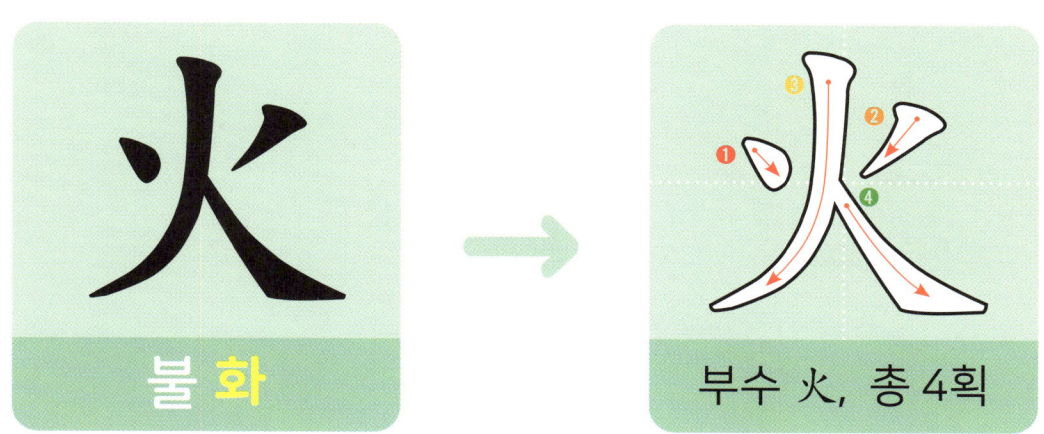

火 불 화 → 부수 火, 총 4획

◆ 쓰는 순서에 맞추어 한자를 바르게 쓰고 익혀 보세요.

쓰는 순서 火 火 火 火

火			
불 화			

실력쑥쑥 연습 문제

[1-2] 그림과 어울리는 문장이 되도록 빈칸에 알맞은 한자를 써 보세요.

1 ☐ 山

☐ 山 (화산)이 폭발하였습니다.

2 ☐ 星

우주선이 ☐ 星 (화성)으로 날아갑니다.

[3-6] 다음 문장의 밑줄 친 부분을 뜻하는 한자를 골라 그 번호를 쓰세요.

> 보기   ① 三   ② 月   ③ 火   ④ 七

3 소방 호스로 불을 끕니다. (   )

4 밤이 되자 둥근 달이 두둥실 떠올랐습니다. (   )

5 백설 공주와 일곱 난쟁이. (   )

6 삼 학년만 입장이 가능합니다. (   )

재미있는 놀이 한자

◆ 가려진 곳에 알맞은 부분을 찾아 선으로 연결해 보세요.

달 월

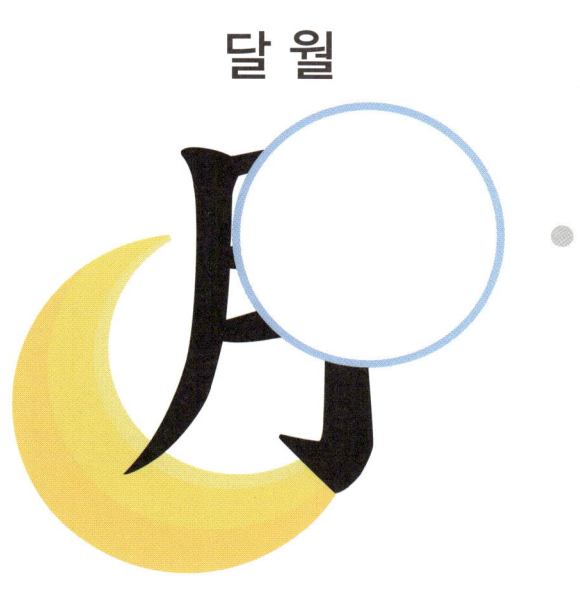

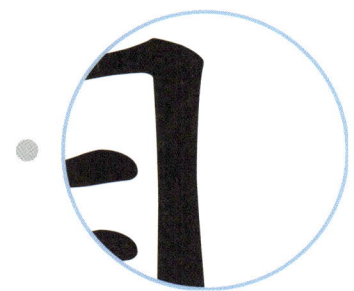

불 화

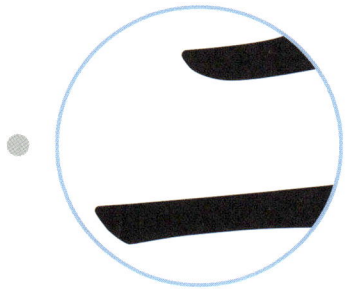

13일 물 수

오늘 한자

 물 수

물을 뜻하고
수라고 읽어요.

형성 원리 [상형] 시냇물 위에 비가 내리는 모습, 또는 물줄기와 물방울이 흐르는 모습을 본뜬 글자로, '물'이나 '강물' 또는 '액체'를 뜻해요.

일상 속 한자어 수영(水泳): 스포츠나 놀이로서 물속을 헤엄치는 일.
홍수(洪水): 비가 많이 와서 강이나 개천에 갑자기 크게 불은 물.
수성(水星): 태양에서 가장 가까운 행성.

✏️ '물 수'를 모두 찾아 O표 하세요.

火　水　八　水　六　十

또박또박 따라 쓰기

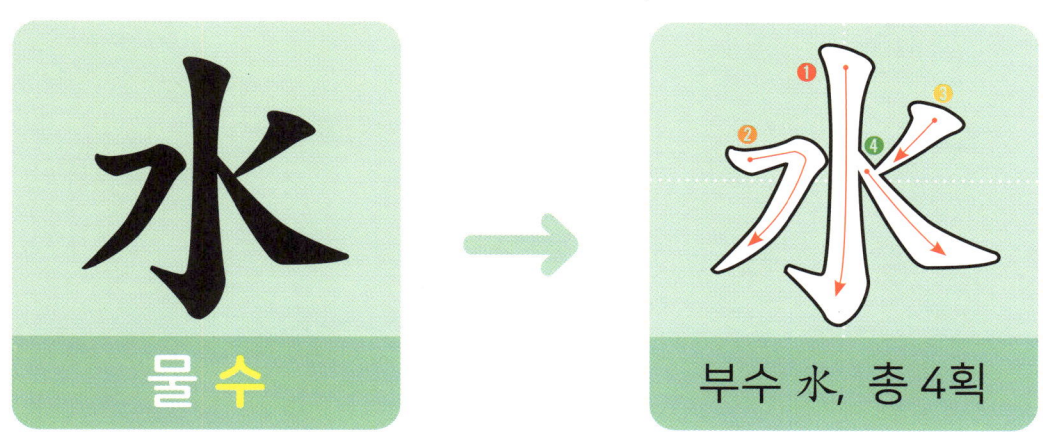

물 수

부수 水, 총 4획

쓰는 순서에 맞추어 한자를 바르게 쓰고 익혀 보세요.

쓰는 순서 水 水 水 水

水			
물 수			

실력쑥쑥 연습 문제

[1-2] 다음 한자의 음으로 알맞은 것을 골라 그 번호를 쓰세요.

> 보기   ① 십   ② 월   ③ 화   ④ 수

1 水 (   )   **2** 月 (   )

[3-4] 다음 낱말을 한자로 바르게 쓴 것을 골라 그 번호를 쓰세요.

> 보기   ① 九月   ② 六月   ③ 水火   ④ 月火

3 구월: 한 해의 아홉째 달. (   )

4 수화: 물과 불. (   )

5 '火'와 반대되는 뜻의 한자를 써 보세요.

재미있는 놀이 한자

◆ 색칠된 동그라미 속 한자와 같은 한자가 들어 있는 동그라미를 모두 찾아 색칠해 보세요.

14일 나무 목

오늘 한자

뜻 나무 음 목

나무를 뜻하고
목이라고 읽어요.

형성 원리 [상형] 땅에 뿌리를 내리고 가지를 뻗어가는 나무의 모양을 본뜬 글자로, '나무'를 뜻해요.

일상 속 한자어
목수(木手): 나무를 다루어 집을 짓거나 물건을 만드는 사람.
목성(木星): 태양에서 다섯째로 가까운 행성.
목요일(木曜日): 월요일을 기준으로 한 주의 넷째 날.

✏️ '나무 목'을 모두 찾아 ○표 하세요.

木   水   木   水   木   林

또박또박 따라 쓰기

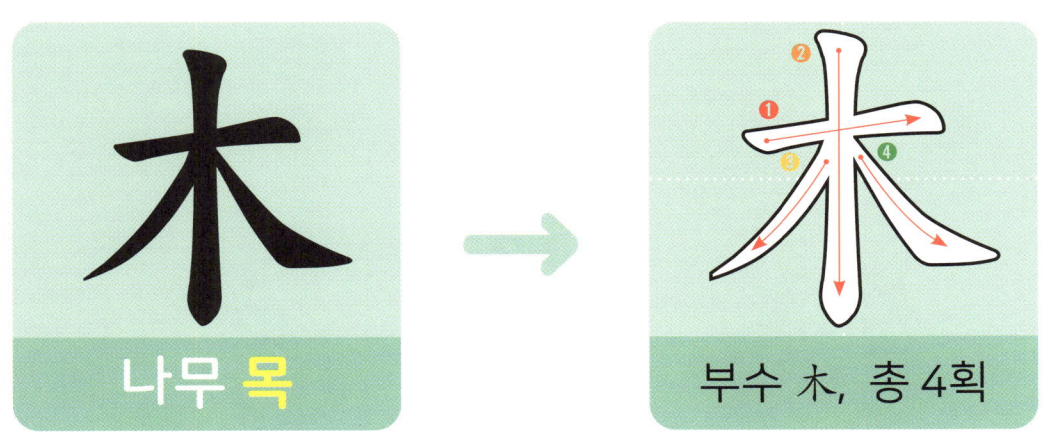

부수 木, 총 4획

나무 목

✏️ 쓰는 순서에 맞추어 한자를 바르게 쓰고 익혀 보세요.

쓰는 순서 木 木 木 木

木 나무 목	木	木	

실력쑥쑥 연습 문제

[1-2] 그림에 알맞은 한자를 골라 그 번호를 쓰세요.

> 보기   ① 一   ② 六   ③ 月   ④ 木

1 (   )

2 (   )

[3-4] 다음 뜻이나 음에 알맞은 한자를 골라 그 번호를 쓰세요.

> 보기   ① 木   ② 水   ③ 火   ④ 月

3 나무 (   )   **4** 화 (   )

[5-6] 다음 한자의 총 획수로 알맞은 것을 골라 그 번호를 쓰세요.

> 보기   ① 총 2획   ② 총 3획   ③ 총 4획   ④ 총 5획

5 十 (   )   **6** 木 (   )

재미있는 놀이 한자

◆ 왼쪽 한자와 어울리는 그림을 골라 O표 하세요.

  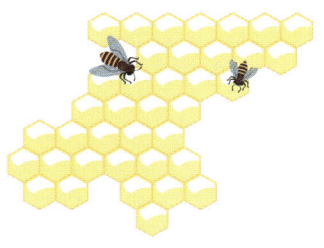

오늘 한자

15일 쇠 금

뜻 쇠 음 금

쇠 또는 **금**을 뜻하고
금이라고 읽어요.

- **형성 원리** [상형] 광산의 금덩이가 반짝이는 모양, 또는 위로는 뜨거운 열기가 빠져나가는 연통과 아래로는 불을 피우는 가마의 모양을 본뜬 글자로, '금속'이나 '금', '화폐'를 뜻해요.

- **일상 속 한자어** 황금(黃金): 누런빛의 금. 금을 다른 금속과 구별하는 말.
  금상(金賞): 상의 등급을 금, 은, 동으로 나누었을 때 1등.
  저금통(貯金筒): 주로 동전을 모아 둘 수 있게 만든 통.

✏️ '쇠 금'을 모두 찾아 ◯표 하세요.

金　六　金　五　六　金

또박또박 따라 쓰기

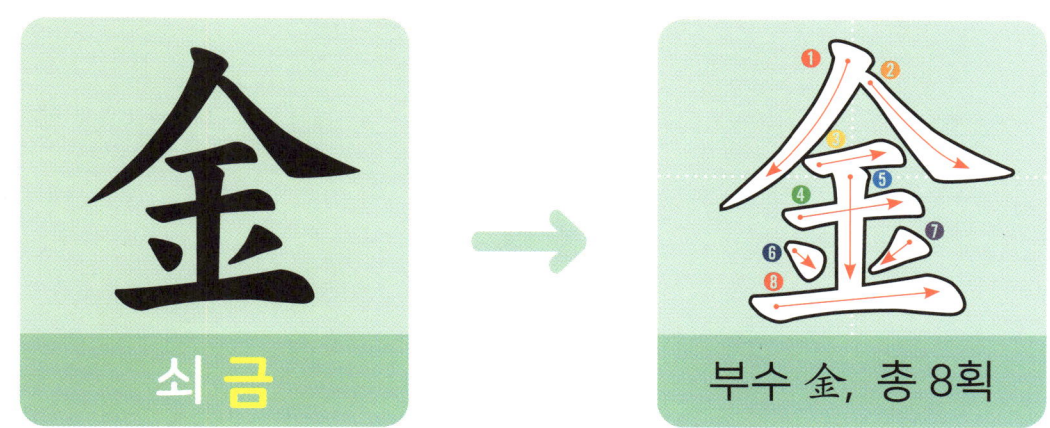

金
쇠 금

부수 金, 총 8획

✏️ 쓰는 순서에 맞추어 한자를 바르게 쓰고 익혀 보세요.

쓰는 순서	金 金 金 金 金 金 金 金		
金 쇠 금	金	金	

실력쑥쑥 연습 문제

[1-2] 다음 한자의 뜻과 음으로 알맞은 것을 골라 그 번호를 쓰세요.

> 보기   ① 한 일   ② 달 월   ③ 아홉 구   ④ 쇠 금

1 九 (   )   **2** 金 (   )

3 밑줄 친 두 부분을 공통으로 뜻하는 한자를 골라 그 번호를 쓰세요. (   )

- 우리나라 선수들이 <u>금</u>메달을 획득하였습니다.
- 이 종은 <u>쇠</u>를 녹여 만들었습니다.

① 火   ② 水   ③ 木   ④ 金

[4-6] 다음 한자의 뜻으로 알맞은 것에 O표 하세요.

4 月 (해 , 달   )

5 水 (불 , 물   )

6 金 (나무 , 쇠   )

재미있는 놀이 한자

✏️ 해적이 한자와 어울리는 그림을 만날 수 있도록 미로를 통과해 보세요.

족집게 예상 문제

⭐ 3주차 8급 예상 문제

[문제 1-3] 한자의 뜻과 음으로 바른 것을 고르시오.

> 보기　① 나무 목　② 물 수　③ 불 화　④ 달 월

1 月 (　　)　**2** 水 (　　)　**3** 木 (　　)

[문제 4-6] 뜻과 음에 알맞은 한자를 고르시오.

> 보기　① 水　② 木　③ 金　④ 火

4 물 수 (　　)　**5** 쇠 금 (　　)　**6** 불 화 (　　)

[문제 7-8] 어휘를 바르게 읽은 것을 고르시오.

> 보기　① 이월　② 화목　③ 삼월　④ 토목

7 火木 (　　)　**8** 三月 (　　)

4주차
요일, 사람

4주차에 배울 한자를 살펴보세요.

16일	土	흙 토	80
17일	日	날 일	84
18일	女	여자 녀	88
19일	男	사내 남	92
20일	人	사람 인	96

★ 4주차 8급 예상 문제 ········· 100

16일
흙 토

오늘 한자

뜻 흙 음 토

흙을 뜻하고
토라고 읽어요.

형성 원리 [상형] 흙덩어리가 뭉쳐 있는 모양을 그린 글자로, '흙'이나 '땅' 또는 '장소'를 뜻해요.

일상 속 한자어
토지(土地): 사람의 생활과 활동에 이용하는 땅.
국토(國土): 나라의 땅.
토기(土器): 진흙으로 만들어 유약을 바르지 않고 구운 그릇.

✏️ '흙 토'를 모두 찾아 ○표 하세요.

二　土　木　土　土　五

또박또박 따라 쓰기

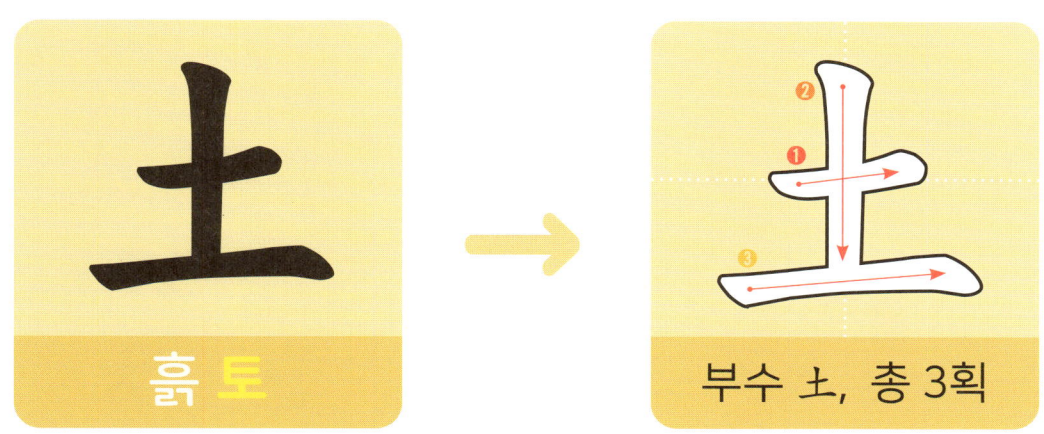

흙 토

부수 土, 총 3획

쓰는 순서에 맞추어 한자를 바르게 쓰고 익혀 보세요.

쓰는 순서 土 土 土

土
흙 토

실력쑥쑥 연습 문제

[1-2] 그림에 알맞은 한자를 골라 그 번호를 쓰세요.

> 보기   ① 火   ② 木   ③ 土   ④ 七

1 (   )

2 (   )

[3-4] 다음 문장의 밑줄 친 부분을 뜻하는 한자를 골라 그 번호를 쓰세요.

> 보기   ① 三   ② 月   ③ 火   ④ 土

3 삽으로 <u>흙</u>을 퍼냈어요. (   )

4 <u>달</u>나라로 여행을 가고 싶어요. (   )

[5-6] 다음 한자어를 바르게 읽은 것을 골라 그 번호를 쓰세요.

> 보기   ① 월화   ② 금토   ③ 화목   ④ 목금

5 金土 (   )   **6** 月火 (   )

◆ 왼쪽 한자와 어울리는 그림을 모두 찾아 선으로 연결해 보세요.

오늘 한자

17일 날 일

뜻 날 음 일

날 또는 **해**를 뜻하고
일이라고 읽어요.

형성 원리 [상형] 태양의 모양을 본뜬 글자로, '날'이나 '해', '낮'을 뜻해요.

일상 속 한자어
내일(來日): 오늘의 바로 다음 날.
생일(生日): 세상에 태어난 날.
일기(日記): 날마다 겪은 일이나 생각, 느낌을 적는 개인의 기록.
일본(日本): 아시아 대륙 동쪽 끝에 있는 입헌 군주국의 섬나라.

✏️ '날 일'을 모두 찾아 표 하세요.

日　月　日　日　四　日

또박또박 따라 쓰기

날 일 → 부수 日, 총 4획

✏️ 쓰는 순서에 맞추어 한자를 바르게 쓰고 익혀 보세요.

쓰는 순서 日 日 日 日

日			
날 **일**			

실력쑥쑥 연습 문제

1 '月'과 반대되는 뜻의 한자를 써 보세요.

[2-3] 다음 한자어를 바르게 읽은 것을 골라 그 번호를 쓰세요.

> 보기   ① 일일   ② 일월   ③ 화목   ④ 목금

2 一日 (   )   **3** 火木 (   )

[4-6] 다음 한자의 뜻으로 알맞은 것에 O표 하세요.

4 火 (불   ,   물   )

5 木 (물   ,   나무   )

6 日 (해   ,   금   )

재미있는 놀이 한자

📝 달력의 비어 있는 요일에 알맞은 한자를 써 보세요.

	月	火	水		金	土
			1	2	3	4
5	6	7	8	9	10	11
12	13	14	15	16	17	18
19	20	21	22	23	24	25
26	27	28	29	30	31	

4주차_요일, 사람 **87**

18일 여자 녀

오늘 한자

 여자   녀

여자를 뜻하고
녀(여)라고 읽어요.

형성 원리 [상형] 무릎을 꿇고 손을 모으고 있는 여자의 모습을 본뜬 글자로, '여자'나 '딸', '처녀'를 뜻해요.

일상 속 한자어
소녀(少女): 아직 완전히 성숙하지 아니한 어린 여자아이.
미녀(美女): 얼굴이 아름다운 여자.
여왕(女王): 여자 임금.

✏️ '여자 녀'를 모두 찾아 ○표 하세요.

六　女　人　女　人　八

또박또박 따라 쓰기

여자 녀 → 부수 女, 총 3획

✏️ 쓰는 순서에 맞추어 한자를 바르게 쓰고 익혀 보세요.

쓰는 순서 女 女 女

女			
여자 녀			

실력쑥쑥 연습 문제

[1-2] 그림과 어울리는 문장이 되도록 빈칸에 알맞은 한자를 써 보세요.

1

(부녀)가 함께 노래를 부릅니다.

2

귀여운 (소녀)가 깡충깡충 뛰고 있습니다.

3 밑줄 친 두 부분을 공통으로 뜻하는 한자를 골라 그 번호를 쓰세요. (　　　)

- 남녀 수영 대회가 열렸습니다.
- 비옷을 입은 여자아이가 걸어갑니다.

① 火　　　② 水　　　③ 木　　　④ 女

[4-5] 다음 한자에서 진하게 표시된 획은 몇 번째에 쓰는지 그 숫자를 쓰세요.

4 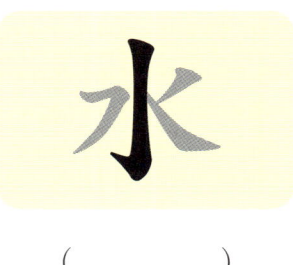　　　**5**

(　　　)　　　(　　　)

재미있는 놀이 한자

✏️ 선을 그리며 점선을 따라가 보세요.

19일 사내 남

오늘 한자

뜻 사내 음 남

남자를 뜻하고
남이라고 읽어요.

형성 원리 [회의] 田(밭 전)과 力(힘 력)이 결합한 글자로, 밭에 나가 농기구를 사용하여 농사를 짓던 사람인 '남자' 또는 '사내'를 뜻해요.

일상 속 한자어 남자(男子): 남성으로 태어난 사람.
남매(男妹): 오빠와 여동생, 또는 누나와 남동생.
미남(美男): 얼굴이 잘생긴 남자.

✏️ '사내 남'을 모두 찾아 ⭕표 하세요.

男　六　五　男　日　男

또박또박 따라 쓰기

男 사내 남 → 부수 田, 총 7획

쓰는 순서에 맞추어 한자를 바르게 쓰고 익혀 보세요.

쓰는 순서 男 男 男 男 男 男 男

男 사내 남	男	男	

실력쑥쑥 연습 문제

[1-2] 다음 한자의 뜻과 음으로 알맞은 것을 골라 그 번호를 쓰세요.

> 보기   ① 아홉 구   ② 여자 녀   ③ 사내 남   ④ 날 일

1 九 (   )   **2** 男 (   )

[3-4] 다음 뜻에 알맞은 한자를 골라 그 번호를 쓰세요.

> 보기   ① 木   ② 男   ③ 火   ④ 女

3 여자 (   )   **4** 남자 (   )

[5-6] 다음 문장을 읽고 물음에 알맞은 답을 골라 그 번호를 쓰세요.

> 우리 형제자매는, 일남 二女 세 사람 모두가 우애 있게 지냅니다.

5 위의 밑줄 친 '일남'을 한자로 바르게 쓴 것은 무엇일까요? (   )

① 一女   ② 三女   ③ 一男   ④ 三男

6 위의 밑줄 친 '二女'를 바르게 읽은 것은 무엇일까요? (   )

① 일남   ② 일녀   ③ 이남   ④ 이녀

재미있는 놀이 한자

◆ 그림을 보고 뜻과 음에 알맞은 한자를 빈칸에 써 보세요.

여자 녀

사내 남

20일 사람 인

오늘 한자

 사람　 인

사람을 뜻하고
인이라고 읽어요.

형성 원리 [상형] 사람이 팔을 내리고 있는 모습, 또는 허리를 굽히고 서 있는 모습을 본뜬 글자로, '사람'이나 '인간'을 뜻해요.

일상 속 한자어　인사(人事): 마주 대하거나 헤어질 때에 예를 표하는 말과 행동.
　　　　　　　　　주인(主人): 대상이나 물건 따위를 소유한 사람.
　　　　　　　　　인형(人形): 사람이나 동물 모양으로 만든 장난감.

✏️ '사람 인'을 모두 찾아 ◯표 하세요.

또박또박 따라 쓰기

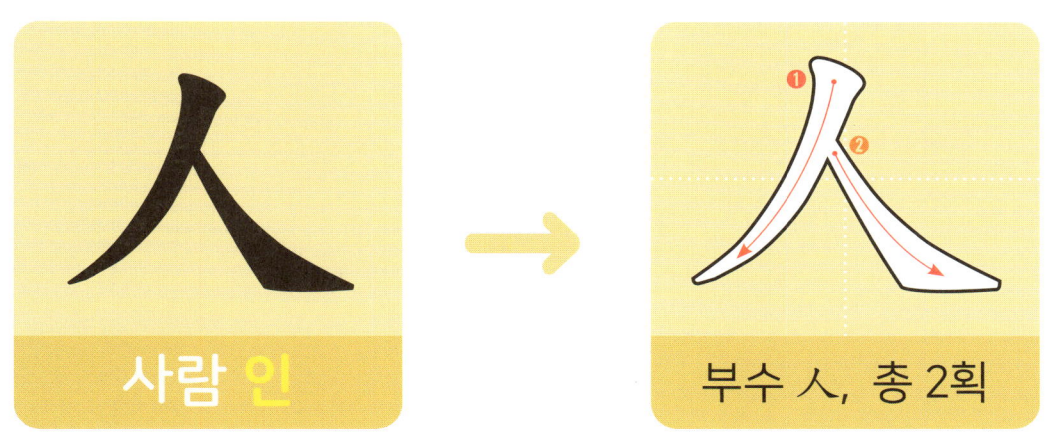

人 사람 인 → 부수 人, 총 2획

✏️ 쓰는 순서에 맞추어 한자를 바르게 쓰고 익혀 보세요.

쓰는 순서 人 人

人 사람 인			

실력쑥쑥 연습 문제

[1-2] 다음 한자의 음으로 알맞은 것을 골라 그 번호를 쓰세요.

> 보기   ① 일   ② 인   ③ 금   ④ 팔

1 人 (   )   **2** 金 (   )

[3-4] 다음 문장을 읽고 물음에 알맞은 답을 골라 그 번호를 쓰세요.

> 저 사람은 여자입니다.

3 위의 밑줄 친 '사람'을 뜻하는 한자는 무엇일까요? (   )

① 男   ② 女   ③ 人   ④ 八

4 위의 밑줄 친 '여자'를 뜻하는 한자는 무엇일까요? (   )

① 女   ② 六   ③ 日   ④ 七

[5-6] 다음 한자어를 바르게 읽은 것을 골라 그 번호를 쓰세요.

> 보기   ① 문인   ② 서인   ③ 삼인   ④ 여인

5 女人 (   )   **6** 三人 (   )

재미있는 놀이 한자

🖍 색칠된 동그라미 속 한자와 같은 한자가 들어 있는 동그라미를 모두 찾아 색칠해 보세요.

4주차 8급 예상 문제

1 그림에 알맞은 한자를 고르시오. (   )

① 月　　② 土　　③ 十　　④ 人

[문제 2-4] 뜻과 음에 알맞은 한자를 고르시오.

> 보기　① 水　　② 木　　③ 金　　④ 火

2 물 수 (　　) **3** 쇠 금 (　　) **4** 불 화 (　　)

[문제 5-6] 물음에 알맞은 답을 고르시오.

> 6월 <u>오일</u>에는 <u>男女</u> 합창 대회가 열립니다.

5 밑줄 친 '오일'을 한자로 바르게 쓴 것을 고르시오. (　　)

① 五月　　② 六日　　③ 五日　　④ 三月

6 밑줄 친 '男女'를 바르게 읽은 것을 고르시오. (　　)

① 남녀　　② 부녀　　③ 모녀　　④ 소녀

5주차

가족

5주차에 배울 한자를 살펴보세요.

- 21일 子 아들 자 ········· 102
- 22일 父 아버지 부 ········· 106
- 23일 母 어머니 모 ········· 110
- 24일 兄 맏 형 ········· 114
- 25일 弟 아우 제 ········· 118

⭐ 5주차 8급 예상 문제 ········· 122

21일 아들 자

오늘 한자

뜻 아들 음 자

아들을 뜻하고
자라고 읽어요.

형성 원리 [상형] 포대기에 싸여 있는 아이의 모습, 또는 두 팔을 벌리고 있는 어린아이의 모습을 본뜬 글자로, '아들'이나 '자식'을 뜻해요.

일상 속 한자어 자녀(子女): 아들과 딸을 아울러 이르는 말.
왕자(王子): 임금의 아들.
의자(椅子): 사람이 걸터앉는 데 쓰는 기구.

✏️ '아들 자'를 모두 찾아 ○표 하세요.

子　男　九　子　八　弟

또박또박 따라 쓰기

아들 자 → 부수 子, 총 3획

쓰는 순서에 맞추어 한자를 바르게 쓰고 익혀 보세요.

쓰는 순서 子 子 子

子 아들 자	子	子	

실력쑥쑥 연습 문제

[1-2] 그림과 어울리는 문장이 되도록 빈칸에 알맞은 한자를 써 보세요.

1  □ 女

엄마는  (자녀)들과 함께 여행을 떠났습니다.

2  母 □

우리  (모자)는 얼굴이 서로 닮았습니다.

[3-4] 다음 뜻과 음에 알맞은 한자를 쓰세요.

3 아들 자 □   4 사내 남 □

[5-6] 밑줄 친 한자어의 음을 써 보세요.

5 부모와 <u>子女</u> 사이에는 많은 대화가 필요합니다. (   )

6 나는 <u>二男 二女</u> 중 막내입니다. (   )

재미있는 놀이 한자

아래 그림과 어울리는 한자를 찾아 선으로 연결해 보세요.

女　　　子　　　木

5주차_가족 105

22일 아버지 부

오늘 한자

뜻 아버지 음 부

아버지를 뜻하고
부라고 읽어요.

형성 원리 [회의] 손을 뜻하는 한자인 又(또 우)와 회초리를 뜻하는 한자인 ㅣ(뚫을 곤)이 결합한 글자로, 손에 막대기를 들고 자식을 타이르는 '아버지'를 뜻해요.

일상 속 한자어
부자(父子): 아버지와 아들을 아울러 이르는 말.
부모(父母): 아버지와 어머니를 아울러 이르는 말.
학부모(學父母): 학생의 아버지나 어머니. 학생의 보호자.

✏️ '아버지 부'를 모두 찾아 ○표 하세요.

父　六　子　父　父　女

106 오늘한자 8급

또박또박 따라 쓰기

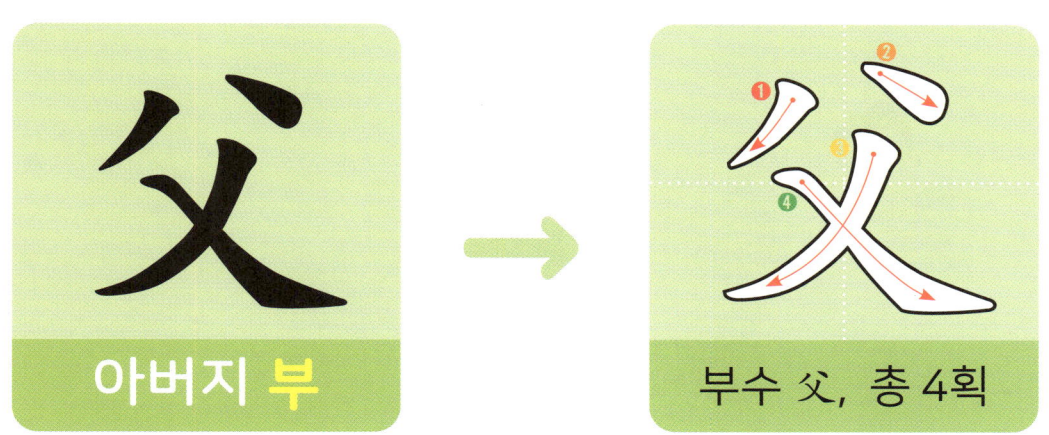

부수 父, 총 4획

✏️ 쓰는 순서에 맞추어 한자를 바르게 쓰고 익혀 보세요.

쓰는 순서 父 父 父 父

父			
아버지 부			

실력쑥쑥 연습 문제

[1-2] 그림과 어울리는 문장이 되도록 빈칸에 알맞은 한자를 써 보세요.

1

앞집 ☐ 子 (부자)는 얼굴이 서로 똑 닮았습니다.

2

뒷집 ☐ 女 (부녀)는 항상 사이가 좋아 보입니다.

[3-4] 다음 한자의 뜻과 음으로 알맞은 것을 골라 그 번호를 쓰세요.

> 보기   ① 불 화   ② 아버지 부   ③ 아들 자   ④ 여자 녀

3 女 (   )   **4** 父 (   )

[5-6] 다음 한자의 총 획수로 알맞은 것을 골라 그 번호를 쓰세요.

> 보기   ① 총 2획   ② 총 3획   ③ 총 4획   ④ 총 5획

5 父 (   )   **6** 子 (   )

재미있는 놀이 한자

✏️ 왼쪽 그림과 어울리는 한자를 찾아 선으로 연결해 보세요.

아들 자

아버지 부

23일 어머니 모

오늘 한자

뜻 어머니　음 모

어머니를 뜻하고
모라고 읽어요.

형성 원리 [상형] 다소곳이 앉아서 아기에게 젖을 물리는 어머니의 모습을 본뜬 글자로, '어머니'를 뜻해요.

일상 속 한자어
모녀(母女): 어머니와 딸을 아울러 이르는 말.
이모(姨母): 어머니의 여자 형제를 이르거나 부르는 말.
고모(姑母): 아버지의 여자 형제를 이르거나 부르는 말.

✏️ '어머니 모'를 모두 찾아 ○표 하세요.

女　母　母　四　四　母

또박또박 따라 쓰기

어머니 모

부수 毋, 총 5획

◆ 쓰는 순서에 맞추어 한자를 바르게 쓰고 익혀 보세요.

쓰는 순서 母 母 母 母 母

母	母	母	
어머니 모			

실력쑥쑥 연습 문제

[1-2] 다음 뜻과 음에 알맞은 한자를 골라 그 번호를 쓰세요.

> 보기   ① 子   ② 母   ③ 男   ④ 父

1 아버지 부 (   )   **2** 어머니 모 (   )

[3-4] 다음 문장의 밑줄 친 부분을 한자로 바르게 쓴 것을 골라 그 번호를 쓰세요.

3 부모님은 우리 형제를 무척 사랑하십니다. (   )

① 父子   ② 母子   ③ 父母   ④ 母女

4 우리 모녀는 식물을 좋아합니다. (   )

① 男子   ② 女子   ③ 父母   ④ 母女

5 다음 그림에서 화살표가 가리키는 인물을 알맞은 한자와 선으로 연결해 보세요.

子

母

재미있는 놀이 한자

◆ 왼쪽 한자를 보고 뜻과 음에 알맞은 그림을 그려 보세요.

母
어머니 모

父
아버지 부

오늘 한자

24일 맏 형

 맏 형

형을 뜻하고
형이라고 읽어요.

형성 원리 [회의] 儿(어진사람 인)과 口(입 구)가 결합한 글자로, 입을 크게 벌려 동생을 지도하는 '형'이나 '맏이'를 뜻해요.

일상 속 한자어 형제(兄弟): 형과 남동생을 아울러 이르는 말.
의형제(義兄弟): 의로 맺은 형제.
형부(兄夫): 여자가 언니의 남편을 이르거나 부르는 말.

✏️ '맏 형'을 모두 찾아 ○표 하세요.

男 兄 兄 男 兄 男

또박또박 따라 쓰기

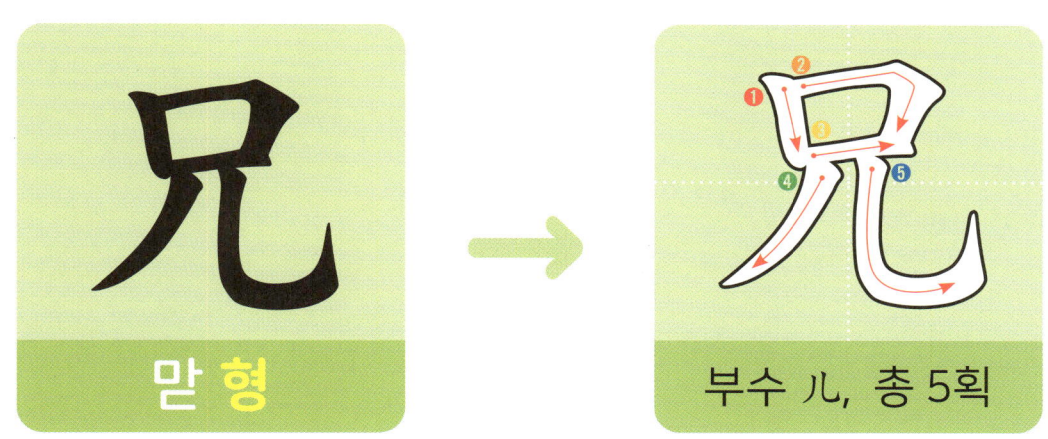

맏 형

부수 儿, 총 5획

쓰는 순서에 맞추어 한자를 바르게 쓰고 익혀 보세요.

쓰는 순서: 兄 兄 兄 兄 兄

맏 형

실력쑥쑥 연습 문제

[1-2] 다음 문장의 밑줄 친 부분을 뜻하는 한자를 써 보세요.

1 엄마는 매일 아침 <u>여</u>동생의 머리를 예쁘게 묶어 주십니다. ☐

2 우리 <u>형</u>은 운동 중에 야구를 가장 좋아합니다. ☐

[3-4] 다음 한자의 뜻과 음으로 알맞은 것을 골라 그 번호를 쓰세요.

> 보기   ① 사람 인   ② 사내 남   ③ 맏 형   ④ 아우 제

3 人 (   )   4 兄 (   )

[5-6] 다음 한자에서 진하게 표시된 획은 몇 번째에 쓰는지 그 숫자를 쓰세요.

5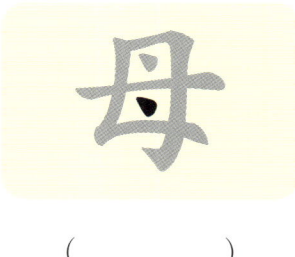
(   )

6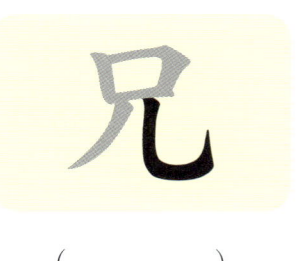
(   )

재미있는 놀이 한자

◆ 색칠된 동그라미 속 한자와 같은 한자가 들어 있는 동그라미를 모두 찾아 색칠해 보세요.

25일 아우 제

오늘 한자

뜻 아우 **음** 제

동생을 뜻하고
제라고 읽어요.

형성 원리 [상형] 나무토막에 줄을 감아 놓은 모양, 또는 활을 들고 노는 동생의 모습을 본뜬 글자로, '아우'나 '동생', '제자'를 뜻해요.

일상 속 한자어 제자(弟子): 스승으로부터 가르침을 받거나 받은 사람.
처제(妻弟): 아내의 여자 동생을 이르거나 부르는 말.
자제(子弟): 남을 높여 그의 아들을 이르는 말.

✏️ '아우 제'를 모두 찾아 ○표 하세요.

男 弟 弟 男 弟 八

또박또박 따라 쓰기

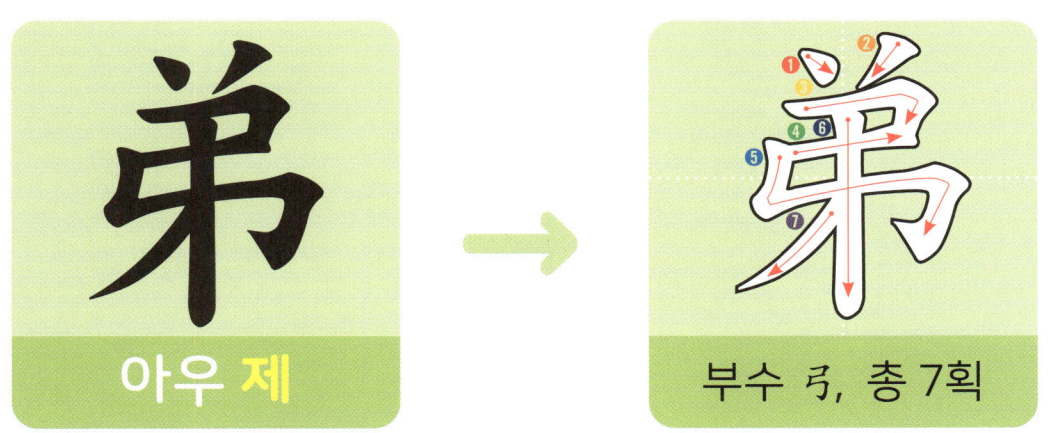

弟 아우 제 → 부수 弓, 총 7획

쓰는 순서에 맞추어 한자를 바르게 쓰고 익혀 보세요.

쓰는 순서 弟 弟 弟 弟 弟 弟 弟

弟
아우 제

실력쑥쑥 연습 문제

[1-3] 다음 한자의 뜻으로 알맞은 것에 O표 하세요.

1 兄 (　　형　,　　동생　　)

2 弟 (　　형　,　　동생　　)

3 母 (　　어머니　,　　아버지　　)

[4-5] 다음 낱말을 한자로 바르게 쓴 것을 골라 그 번호를 쓰세요.

> **보기**　　① 兄弟　　② 父母　　③ 子弟　　④ 弟子

4 형제: 형과 아우를 아울러 이르는 말. (　　　　)

5 제자: 스승으로부터 가르침을 받거나 받은 사람. (　　　　)

[6-7] 다음 문장을 읽고 물음에 알맞은 답을 골라 그 번호를 쓰세요.

> 兄과 아우는 어릴 때부터 다투며 큽니다.

6 위의 밑줄 친 '兄'을 바르게 읽은 것은 무엇일까요? (　　　　)

　① 모　　　② 자　　　③ 형　　　④ 인

7 위의 밑줄 친 '아우'를 뜻하는 한자는 무엇일까요? (　　　　)

　① 男　　　② 人　　　③ 弟　　　④ 金

재미있는 놀이 한자

✏️ 아래 그림에 어울리는 한자를 골라 그 번호를 쓰세요.

| 보기 | ① 父 | ② 母 | ③ 兄 | ④ 弟 |

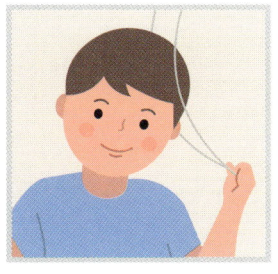 　　

⭐ 5주차 8급 예상 문제

[문제 1-3] 한자의 뜻과 음으로 바른 것을 고르시오.

> 보기 ① 아들 자   ② 맏 형   ③ 아우 제   ④ 어머니 모

1 子 (   )   **2** 弟 (   )   **3** 母 (   )

[문제 4-5] 어휘를 바르게 읽은 것을 고르시오.

> 보기 ① 형제   ② 부형   ③ 부모   ④ 부자

4 父母 (   )   **5** 兄弟 (   )

6 밑줄 친 부분을 한자로 바르게 쓴 것을 고르시오. (   )

> 자제군관의 자격으로 청나라에 다녀왔습니다.

① 父女   ② 子弟   ③ 子女   ④ 三男

7 밑줄 친 부분을 한자로 바르게 쓴 것을 고르시오. (   )

> 부모님은 우리를 아주 많이 사랑하십니다.

① 母子   ② 母女   ③ 父子   ④ 父母

6주차 방위

6주차에 배울 한자를 살펴보세요.

- **26일** 東 동녘 동 ·············· 124
- **27일** 西 서녘 서 ·············· 128
- **28일** 南 남녘 남 ·············· 132
- **29일** 北 북녘 북 ·············· 136
- **30일** 門 문 문 ·············· 140

⭐ 6주차 8급 예상 문제 ·············· 144

26일 동녘 동

오늘 한자

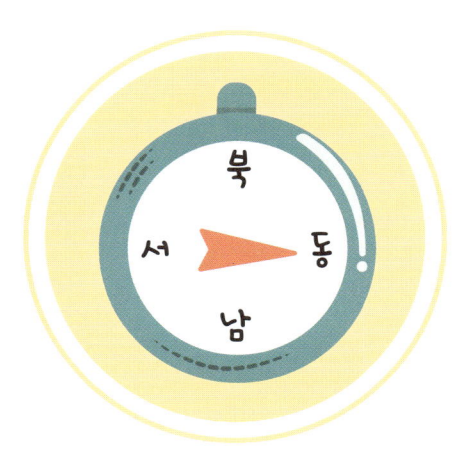

뜻 동녘 음 동

동쪽을 뜻하고
동이라고 읽어요.

형성 원리 [상형·가차] 보따리를 꽁꽁 묶어 놓은 모양, 또는 보따리에 물건을 채워 아래 위를 묶은 모양을 본뜬 글자로, 본래 '묶다'나 '물건'을 뜻했지만 후에 가차되어 지금은 '동쪽'이나 '동녘'을 뜻해요.

일상 속 한자어
동양(東洋): 유라시아 대륙의 동부 지역. 한국, 중국, 일본 등.
동해(東海): 동쪽에 있는 바다.
동대문(東大門): 조선 시대 한양 도성의 동쪽 정문. 대한민국 보물.

✏️ '동녘 동'을 모두 찾아 ○표 하세요.

男　東　子　東　母　父

또박또박 따라 쓰기

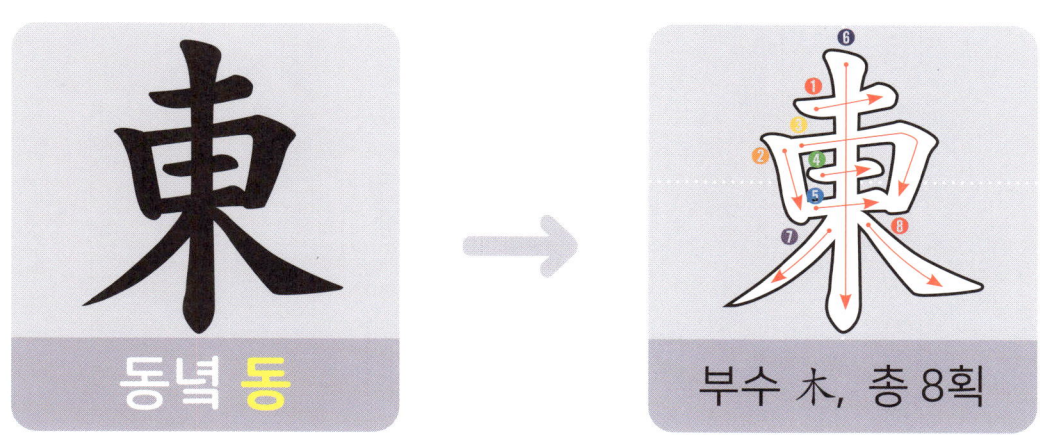

부수 木, 총 8획

동녘 동

✏️ 쓰는 순서에 맞추어 한자를 바르게 쓰고 익혀 보세요.

쓰는 순서 東 東 東 東 東 東 東 東

東			
동녘 동			

실력쑥쑥 연습 문제

[1-2] 그림과 어울리는 문장이 되도록 빈칸에 알맞은 한자를 써 보세요.

1. 고속도로가 ☐ 西 (동서)로 시원하게 뚫려 있습니다.

2. 공원의 ☐ 門 (동문) 옆에는 물품 대여소가 있습니다.

[3-4] 다음 한자의 뜻과 음으로 알맞은 것을 골라 그 번호를 쓰세요.

> 보기   ① 어머니 모   ② 사내 남   ③ 아들 자   ④ 동녘 동

3. 男 (   )   4. 東 (   )

[5-6] 다음 낱말을 한자로 바르게 쓴 것을 골라 그 번호를 쓰세요.

> 보기   ① 父母   ② 西人   ③ 東門   ④ 西土

5. 동문: 동쪽으로 난 문. (   )

6. 부모: 아버지와 어머니. (   )

재미있는 놀이 한자

◆ 가려진 곳에 알맞은 부분을 찾아 선으로 연결하여 '東(동녘 동)'을 완성해 보세요.

27일
서녘 서

오늘 한자

 서녘   서

서쪽을 뜻하고
서라고 읽어요.

형성 원리 [상형] 나뭇가지로 엮은 새 둥지의 모양을 본뜬 글자로, 본래 '새집'이나 '둥지'를 뜻했지만 후에 가차되어 지금은 '서쪽'이나 '서녘'을 뜻해요.

일상 속 한자어
서해(西海): 서쪽에 있는 바다.
서양(西洋): 유럽과 남북아메리카 여러 나라를 통틀어 이르는 말.
서양식(西洋式): 서양의 양식이나 격식.

✏️ '서녘 서'를 모두 찾아 ◯표 하세요.

西 四 五 西 西 四

또박또박 따라 쓰기

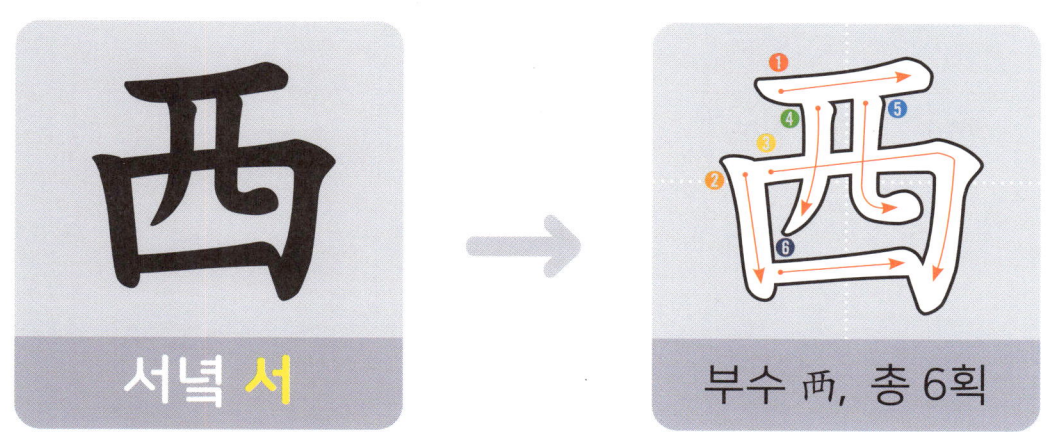

西 서녘 서

부수 西, 총 6획

쓰는 순서에 맞추어 한자를 바르게 쓰고 익혀 보세요.

쓰는 순서 西 西 西 西 西 西

西 서녘 서

실력쑥쑥 연습 문제

[1-2] 다음 낱말을 한자로 바르게 쓴 것을 골라 그 번호를 쓰세요.

> 보기   ① 東西   ② 西人   ③ 金土   ④ 西土

1 서인: 서양 여러 나라의 사람. (   )

2 동서: 동쪽과 서쪽을 아울러 이르는 말. (   )

[3-4] 다음 한자의 총 획수로 알맞은 것을 골라 그 번호를 쓰세요.

> 보기   ① 총 5획   ② 총 6획   ③ 총 7획   ④ 총 8획

3 東 (   )   **4** 西 (   )

[5-6] 다음 문장을 읽고 물음에 알맞은 답을 골라 그 번호를 쓰세요.

> 동쪽에서 해가 떠서 西쪽으로 집니다.

5 위의 밑줄 친 '동'을 한자로 바르게 쓴 것은 무엇일까요? (   )

　① 東　　　② 西　　　③ 日　　　④ 金

6 위의 밑줄 친 '西'를 바르게 읽은 것은 무엇일까요? (   )

　① 동　　　② 서　　　③ 남　　　④ 북

재미있는 놀이 한자

◆ 색칠된 동그라미 속 한자와 같은 한자가 들어 있는 동그라미를 모두 찾아 색칠해 보세요.

28일 남녘 남

오늘 한자

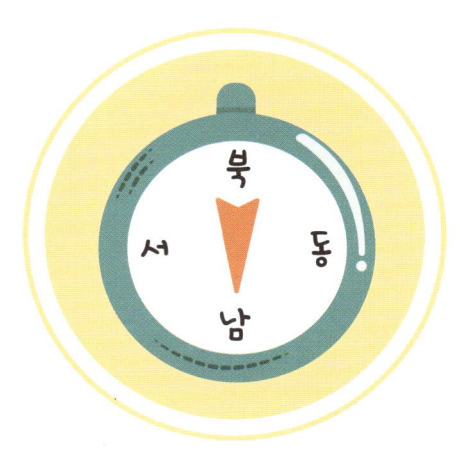

뜻 남녘 음 남

남쪽을 뜻하고
남이라고 읽어요.

형성 원리 [상형·가차·회의] 악기로 쓰던 종의 모양을 본뜬 글자로, 후에 가차되어 지금은 '남쪽'이나 '남녘'을 뜻해요. 또는 울타리를 치고 양을 기르는 곳이 남쪽에 있었기 때문에 '남쪽'을 뜻한다고도 해요.

일상 속 한자어
남한(南韓): 남북으로 분단된 대한민국 휴전선 남쪽 지역.
남극(南極): 남극점을 중심으로 하는 넓은 대륙. 지구의 남쪽 끝.
남대문(南大門): 조선 시대 한양 도성의 남쪽 정문. 대한민국 국보.

✏️ '남녘 남'을 모두 찾아 ○표 하세요.

男　南　東　南　母　南

또박또박 따라 쓰기

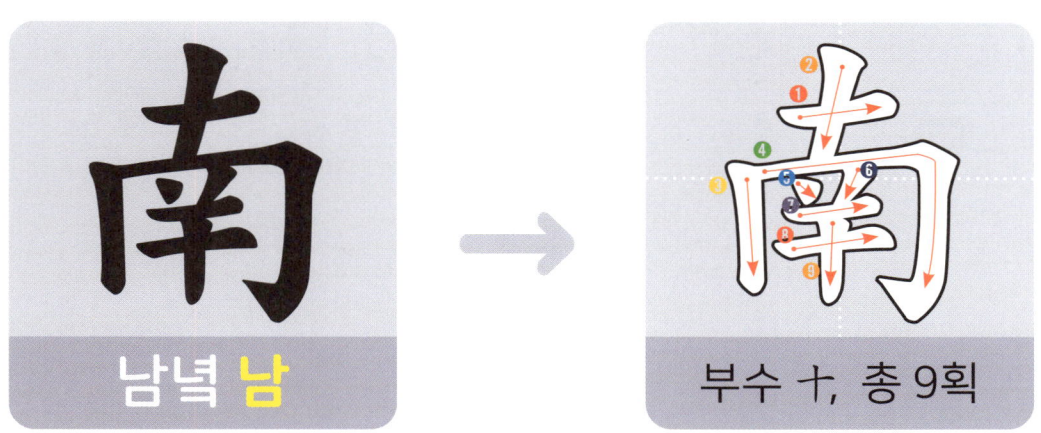

🖊 쓰는 순서에 맞추어 한자를 바르게 쓰고 익혀 보세요.

쓰는 순서 南 南 南 南 南 南 南 南 南			
南 남녘 남			

6주차_방위 133

실력쑥쑥 연습 문제

[1-2] 다음 한자와 음이 같은 한자를 골라 그 번호를 쓰세요.

> 보기   ① 男   ② 月   ③ 兄   ④ 日

1 南 (   )

2 一 (   )

[3-4] 다음 한자의 뜻으로 알맞은 것에 O표 하세요.

3 東 (동녘 , 서녘)

4 南 (서녘 , 남녘)

[5-6] 그림에 알맞은 한자를 골라 그 번호를 쓰세요.

> 보기   ① 東   ② 西   ③ 南   ④ 土

5
(   )

6
(   )

재미있는 놀이 한자

◆ 같은 숫자끼리 같은 색으로 색칠한 다음, 어떤 한자가 숨어 있는지 찾아보세요.
  찾은 한자와 그 한자의 뜻과 음을 아래 빈칸에 써 보세요.

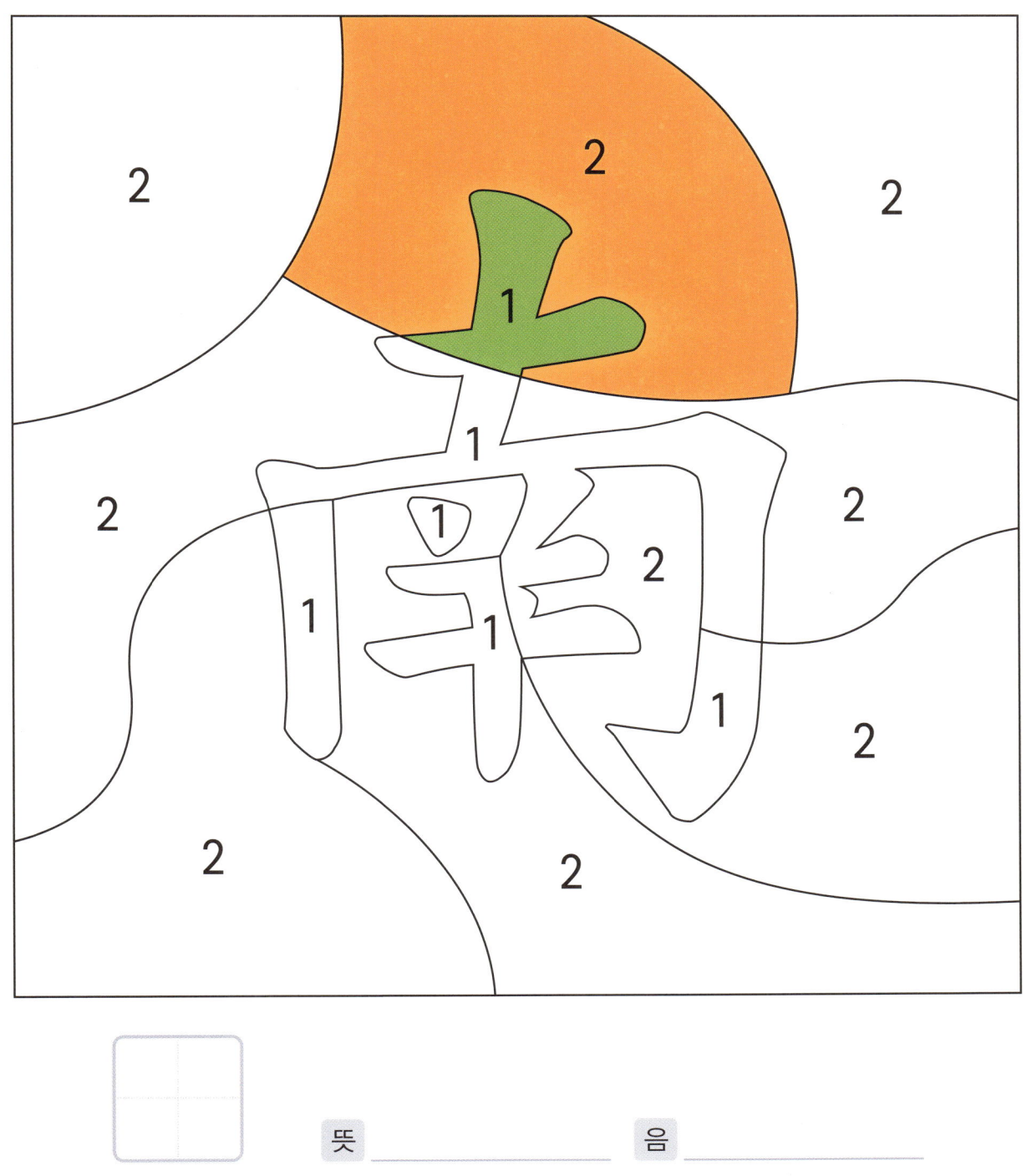

뜻 _____   음 _____

오늘 한자

29일 북녘 북

北

 북녘   북

북쪽을 뜻하고
북이라고 읽어요.

형성 원리 [상형·회의] 두 사람이 등을 맞댄 모습을 본뜬 글자로, 사람이나 집이 주로 남쪽을 바라보고 있기 때문에 그 반대인 '등 뒤쪽'이라는 의미에서 '북쪽'을 뜻하게 되었어요.

일상 속 한자어
북한(北韓): 남북으로 분단된 대한민국 휴전선 북쪽 지역.
북극(北極): 지구의 자전축에서 북쪽 끝의 지점. 지구의 북쪽 끝.
북한산(北漢山): 서울 북부와 고양시 사이에 있는 산. 국립공원.

◆ '북녘 북'을 모두 찾아 ○표 하세요.

北　七　北　女　九　北

또박또박 따라 쓰기

북녘 북

부수 匕, 총 5획

◆ 쓰는 순서에 맞추어 한자를 바르게 쓰고 익혀 보세요.

쓰는 순서 北 北 北 北 北

北			
북녘 북			

실력쑥쑥 연습 문제

1 다음 그림을 알맞은 한자와 선으로 연결해 보세요.

 •

 •

2 밑줄 친 두 부분을 공통으로 뜻하는 한자를 골라 그 번호를 쓰세요. (   )

- 북쪽에서 차가운 겨울바람이 불어왔습니다.
- 전쟁이 끝난 후 우리나라는 남과 북으로 갈라졌습니다.

① 東　　　　② 西　　　　③ 南　　　　④ 北

[3-4] 다음 문장을 읽고 물음에 알맞은 답을 골라 그 번호를 쓰세요.

南男 북녀란 남자는 남쪽 지방 사람이 잘나고 여자는 북쪽 지방 사람이 곱다는 말입니다.

3 위의 밑줄 친 '南男'을 바르게 읽은 것은 무엇일까요? (   )

① 남남　　　② 남북　　　③ 동서　　　④ 북동

4 위의 밑줄 친 '북녀'를 한자로 바르게 쓴 것은 무엇일까요? (   )

① 南北　　　② 男女　　　③ 北女　　　④ 二男

재미있는 놀이 한자

◆ 규칙을 잘 읽은 다음 '동서남북' 스도쿠를 완성해 보세요.

규칙

① 가로, 세로 16칸 속에 東, 西, 南, 北(동, 서, 남, 북) 네 글자를 넣습니다.
② 가로, 세로 한 줄에 같은 글자는 오직 한 번만 쓸 수 있습니다.
③ 4칸으로 이루어진 작은 네모 속에도 東, 西, 南, 北(동, 서, 남, 북) 글자를 오직 한 번씩만 쓸 수 있습니다.

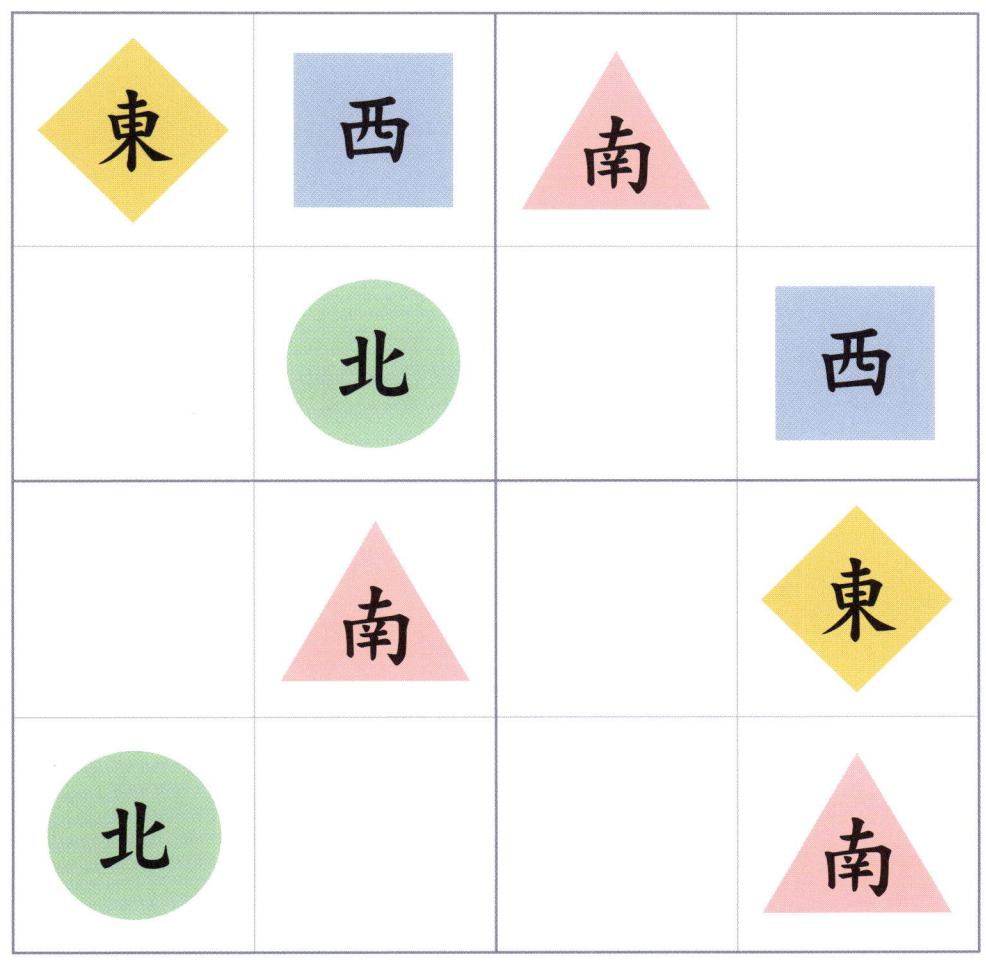

30일 문 문

오늘 한자

뜻 문 음 문

문을 뜻하고
문이라고 읽어요.

형성 원리 [상형] 양쪽으로 열고 닫는 큰 문을 본뜬 글자로, '문'이나 '집안'을 뜻해요.

일상 속 한자어 교문(校門): 학교의 문.
창문(窓門): 공기나 햇빛을 받을 수 있고, 밖을 내다볼 수 있도록 벽이나 지붕에 낸 문.

✏️ '문 문'을 모두 찾아 ⭕표 하세요.

門 　 北 　 門 　 門 　 日 　 月

또박또박 따라 쓰기

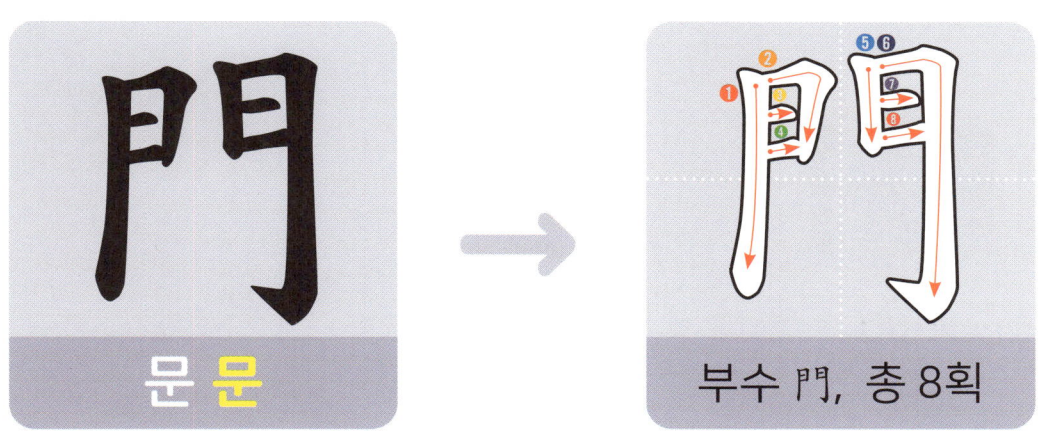

門
문 문

부수 門, 총 8획

쓰는 순서에 맞추어 한자를 바르게 쓰고 익혀 보세요.

쓰는 순서 門 門 門 門 門 門 門 門

門	門	門	
문 문			

실력쑥쑥 연습 문제

[1-2] 그림과 어울리는 문장이 되도록 빈칸에 알맞은 한자를 써 보세요.

1. 파란색 페인트로 大[　] (대문)을 칠했습니다.

2. 窓[　] (창문) 틈으로 빛살이 쏟아집니다.

[3-4] 다음 한자의 뜻과 음으로 알맞은 것을 골라 그 번호를 쓰세요.

| 보기 | ① 男　　② 月　　③ 門　　④ 日 |

3. 문 (　　　)　　　4. 달 (　　　)

[5-6] 다음 문장을 읽고 물음에 알맞은 답을 골라 그 번호를 쓰세요.

> 스승의 가르침을 받는 사람을 弟子라고도 하고 문인이라고도 합니다.

5. 위의 밑줄 친 '弟子'를 바르게 읽은 것은 무엇일까요? (　　　)
   ① 부자　　② 제자　　③ 자녀　　④ 모녀

6. 위의 밑줄 친 '문인'을 한자로 바르게 쓴 것은 무엇일까요? (　　　)
   ① 南門　　② 門人　　③ 水門　　④ 父兄

재미있는 놀이 한자

◆ '문 문'과 관련된 그림이나 한자를 모두 찾아 O표 하세요.

족집게 예상 문제

⭐ 6주차 8급 예상 문제

[문제 1-2] 그림에 알맞은 한자를 고르시오.

1 (   )
① 東
② 西
③ 南
④ 北

2 (   )
① 門
② 四
③ 男
④ 日

[문제 3-5] 뜻과 음에 알맞은 한자를 고르시오.

| 보기 | ① 北　　② 南　　③ 東　　④ 西 |

3 남녘 남 (   )　　**4** 동녘 동 (   )　　**5** 북녘 북 (   )

[문제 6-7] 낱말을 한자로 바르게 쓴 것을 고르시오.

| 보기 | ① 南門　　② 東西　　③ 北門　　④ 北西 |

6 동서: 동쪽과 서쪽을 아울러 이르는 말. (   )

7 북문: 북쪽으로 난 문. (   )

8급
정답 및 부록

대한검정회 한자급수자격검정시험 대비

확인 학습 ················· 146

모의시험 ················· 150

정답 ······················· 154

OMR 답안지 ············ 163

한자 카드 ················ 169

8급 한자 확인 학습 ①

◆ 한자에 알맞은 뜻과 음을 빈칸에 써 보면서 8급 한자 공부를 마무리해 보세요.

一	二	三	四
한 일			

五	六	七	八

九	十	月	火

水	木	金	土

日	女	男	人

子	父	母	兄

弟	東	西	南

北	門

8급 한자 확인 학습 ②

🔸 뜻과 음에 알맞은 한자를 빈칸에 써 보면서 8급 한자 공부를 마무리해 보세요.

一			
한 일	두 이	석 삼	넉 사

다섯 오	여섯 륙	일곱 칠	여덟 팔

아홉 구	열 십	달 월	불 화

물 수	나무 목	쇠 금	흙 토

날 일	여자 녀	사내 남	사람 인
아들 자	아버지 부	어머니 모	맏 형
아우 제	동녘 동	서녘 서	남녘 남
북녘 북	문 문		

한자급수자격검정시험 대비
모의 한자급수자격검정시험

대한검정회 한자급수자격검정시험 대비

8급

※ 뒤쪽에 OMR 답안지를 수록하였습니다.

실제 시험과 같은 환경에서 답안지 작성법을 연습할 수 있도록
오려서 사용해 보세요.

* 모의 한자급수자격검정시험 유의 사항

- 모의 한자급수자격검정시험은 [오늘한자 8급] 과정 학습이 모두 끝난 후 풀어 보세요.

- 8급 한자급수자격검정시험의 문항 수는 25문제이며, 배정 시간은 40분입니다.

- 답안지를 작성할 때는 실제 시험에서와 같이 검은색 볼펜을 사용하세요.

  (연필 및 굵은 사인펜 제외)

- 1문항당 4점이고 70점 이상이면 합격이므로, 25문항 중 18문항 이상 맞히면 됩니다.

- 실제 시험에서와 같이 배정 시간 40분을 정확히 지키세요.

1회 대한민국한자급수자격검정시험문제

8급   수험번호: 성명:

■ 다음 물음에 맞는 답의 번호를 골라 답안지의 해당 답란에 표시하시오.

※ 그림에 알맞은 한자를 고르시오.

1. (　　)
① 火
② 水
③ 北
④ 五

2. (　　)
① 三
② 月
③ 日
④ 母

3. (　　)
① 土
② 一
③ 木
④ 東

※ 한자의 뜻과 음으로 바른 것을 고르시오.

4. 四 (　　) 5. 金 (　　) 6. 人 (　　)

〈보기〉
① 사람 인 ② 넉 사 ③ 여덟 팔 ④ 쇠 금

7. 土 (　　) 8. 水 (　　)

〈보기〉
① 북녘 북 ② 아들 자 ③ 물 수 ④ 흙 토

※ 뜻과 음에 알맞은 한자를 고르시오.

9. 아홉 구 (　　)
10. 한 일 (　　)
11. 서녘 서 (　　)

〈보기〉
① 一 ② 水
③ 西 ④ 九

12. 여자 녀 (　　)
13. 열 십 (　　)
14. 동녘 동 (　　)

〈보기〉
① 十 ② 東
③ 女 ④ 木

15. 어머니 모 (　　)
16. 남녘 남 (　　)
17. 두 이 (　　)
18. 일곱 칠 (　　)

〈보기〉
① 二 ② 七
③ 南 ④ 母

※ 어휘를 바르게 읽은 것을 고르시오.

19. 北門 (　　)
20. 父子 (　　)

〈보기〉
① 동남 ② 부자
③ 동서 ④ 북문

※ 낱말을 한자로 바르게 쓴 것을 고르시오.

21. 일월: 해와 달. (　　)
22. 수화: 물과 불. (　　)

〈보기〉
① 日月
② 二月
③ 水火
④ 七八

※ 밑줄 친 어휘를 바르게 읽은 것을 고르시오.

23)兄弟의 생일은 24)八月이다.

23. 兄弟 (　　)
① 형제   ② 형부   ③ 제자   ④ 부인

24. 八月 (　　)
① 오월   ② 팔월   ③ 팔일   ④ 여인

※ 밑줄 친 부분을 한자로 바르게 쓴 것을 고르시오.

우리 반 학생들의 25)남녀 비율은 반반이다.

25. 남녀 (　　)
① 兄弟   ② 兄夫   ③ 弟子   ④ 男女

♣ 수고하셨습니다.

2회 대한민국한자급수자격검정시험문제

8급   수험번호: 성명:

■ 다음 물음에 맞는 답의 번호를 골라 답안지의 해당 답란에 표시하시오.

※ 그림에 알맞은 한자를 고르시오.

1. ( )
① 東
② 弟
③ 門
④ 三

2. ( )
① 八
② 母
③ 南
④ 土

3. ( )
① 十
② 人
③ 日
④ 西

※ 한자의 뜻과 음으로 바른 것을 고르시오.

4. 弟 ( )   5. 二 ( )   6. 西 ( )

〈보기〉
① 석 삼   ② 서녘 서   ③ 아우 제   ④ 두 이

7. 東 ( )   8. 九 ( )

〈보기〉
① 나무 목   ② 동녘 동   ③ 한 일   ④ 아홉 구

※ 뜻과 음에 알맞은 한자를 고르시오.

9. 다섯 오 ( )
10. 쇠 금 ( )
11. 달 월 ( )

〈보기〉 ① 金   ② 月   ③ 五   ④ 日

12. 여섯 륙 ( )
13. 석 삼 ( )
14. 일곱 칠 ( )

〈보기〉 ① 七   ② 六   ③ 三   ④ 四

15. 열 십 ( )
16. 맏 형 ( )
17. 물 수 ( )
18. 사람 인 ( )

〈보기〉 ① 水   ② 十   ③ 人   ④ 兄

※ 어휘를 바르게 읽은 것을 고르시오.

19. 女人 ( )
20. 火木 ( )

〈보기〉 ① 화금   ② 화목   ③ 여인   ④ 목화

※ 낱말을 한자로 바르게 쓴 것을 고르시오.

21. 부형: 아버지와 형. ( )

22. 동서: 동쪽과 서쪽을 아울러 이르는 말. ( )

〈보기〉 ① 兄弟   ② 父兄   ③ 東北   ④ 東西

※ 밑줄 친 어휘를 바르게 읽은 것을 고르시오.

23)<u>男子</u>는 24)<u>土木</u> 일을 한다.

23. 男子 ( )
① 남자   ② 자녀   ③ 남인   ④ 여자

24. 土木 ( )
① 토금   ② 토일   ③ 동토   ④ 토목

※ 밑줄 친 부분을 한자로 바르게 쓴 것을 고르시오.

그들은 25)<u>부모</u>처럼 우리를 따뜻하게 맞아 주었다.

25. 부모 ( )
① 父子   ② 父母   ③ 父女   ④ 兄夫

♣ 수고하셨습니다.

3회 대한민국한자급수자격검정시험문제

8급 수험번호: 성명:

■ 다음 물음에 맞는 답의 번호를 골라 답안지의 해당 답란에 표시하시오.

※ 그림에 알맞은 한자를 고르시오.

1. ( )
   ① 六
   ② 月
   ③ 火
   ④ 水

2. ( )
   ① 人
   ② 兄
   ③ 金
   ④ 子

3. ( )
   ① 男
   ② 南
   ③ 西
   ④ 女

※ 한자의 뜻과 음으로 바른 것을 고르시오.

4. 父 ( )   5. 東 ( )   6. 月 ( )

〈보기〉
① 달 월   ② 아버지 부   ③ 일곱 칠   ④ 동녘 동

7. 土 ( )   8. 水 ( )

〈보기〉
① 여덟 팔   ② 흙 토   ③ 사람 인   ④ 물 수

※ 뜻과 음에 알맞은 한자를 고르시오.

9. 맏 형 ( )
10. 아홉 구 ( )
11. 여섯 륙 ( )

〈보기〉 ① 九   ② 兄   ③ 五   ④ 六

12. 날 일 ( )
13. 두 이 ( )
14. 아들 자 ( )

〈보기〉 ① 二   ② 子   ③ 日   ④ 四

15. 한 일 ( )
16. 아우 제 ( )
17. 두 이 ( )
18. 불 화 ( )

〈보기〉 ① 二   ② 一   ③ 火   ④ 弟

※ 어휘를 바르게 읽은 것을 고르시오.

19. 南人 ( )
20. 北西 ( )

〈보기〉 ① 남북   ② 북서   ③ 남인   ④ 동북

※ 낱말을 한자로 바르게 쓴 것을 고르시오.

21. 모녀: 어머니와 딸. ( )
22. 목문: 나무문. ( )

〈보기〉 ① 木門   ② 母子   ③ 母女   ④ 木人

※ 밑줄 친 어휘를 바르게 읽은 것을 고르시오.

23)一金 24)五十만 원을 지급하였다.

23. 一金 ( )
① 월급   ② 급여   ③ 일당   ④ 일금

24. 五十 ( )
① 오십   ② 칠십   ③ 십일   ④ 팔십

※ 밑줄 친 부분을 한자로 바르게 쓴 것을 고르시오.

우리는 25)삼사 개월 후에 이사를 간다.

25. 삼사 ( )
① 三一   ② 二三   ③ 三四   ④ 四五

♣ 수고하셨습니다.

1주차

1일

14쪽

16쪽

1. 一月 2. 一生 3. ①
4. 뜻: 하나 또는 한, 음: 일

17쪽

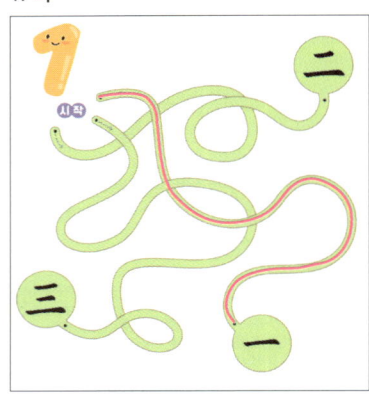

2일

18쪽

20쪽

1. 二 2. 一 3. ② 4. ①
5. 一 6. 二

21쪽

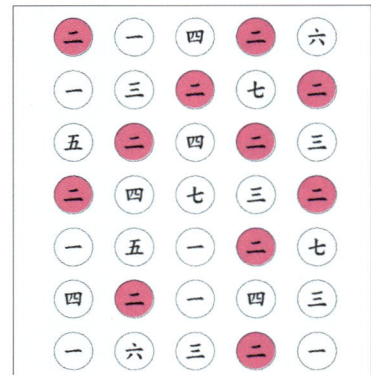

3일

22쪽

24쪽

1. 一 2. 三 3. ③ 4. 1
5. 3

25쪽

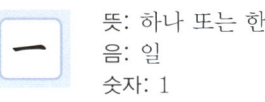
뜻: 하나 또는 한
음: 일
숫자: 1

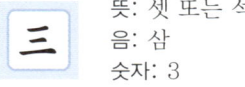
뜻: 셋 또는 석
음: 삼
숫자: 3

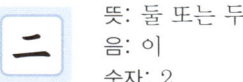
뜻: 둘 또는 두
음: 이
숫자: 2

4일

26쪽

28쪽

1. ③ 2. ④ 3. ① 4. ④
5. 四 6. 二

29쪽

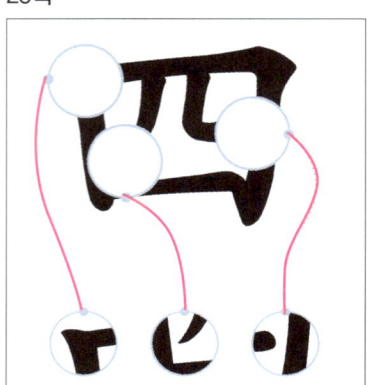

5일

30쪽

一 五 六 五 二 三

32쪽

1. 三三五五 2. 五月 五日
3. ④ 4. 둘 5. 넷 6. 다섯

33쪽

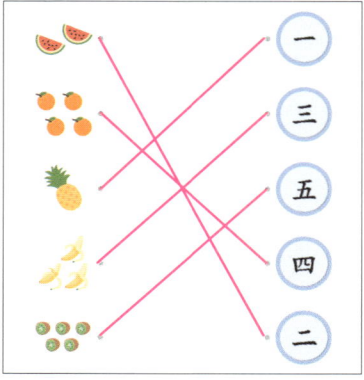

족집게 예상 문제

34쪽

1. ④ 2. ② 3. ④ 4. ① 5. ③

2주차

6일

36쪽

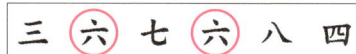

38쪽
1. ③　2. ④　3. ④　4. 하나
5. 셋　6. 여섯

39쪽

7일

40쪽

42쪽
1. 七夕　2. 七十　3. ③　4. ①
5. ①　6. ④

43쪽

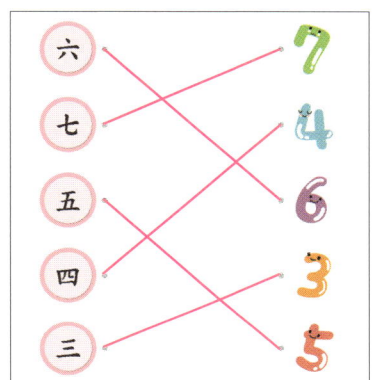

8일

44쪽

46쪽
1. ③　2. ④　3. ④　4. ●●●●●●●
5. ●●●●●○○○　6. ●●●●○○○○

47쪽

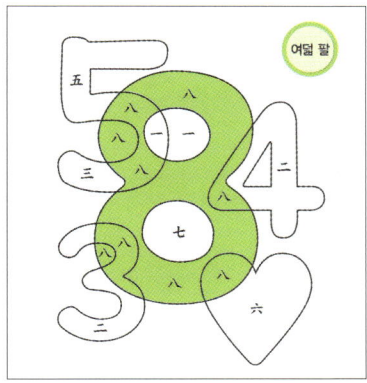

9일

48쪽

三 五 ⑨ 人 ⑨ 五

50쪽
1. 九九　2. 九尾狐　3. ②
4. ④　5. ④　6. ④

51쪽

10일

52쪽

一 ⑩ 三 ⑩ ⑩ 八

54쪽
1. ③　2. ④　3. ③　4. 구
5. 사　6. 십

55쪽

족집게 예상 문제

56쪽
1. ④　2. ②　3. ④　4. ②　5. ③

3주차

11일

58쪽

60쪽

1. ③ 2. ① 3. ④ 4. ④ 5. ①

61쪽

12일

62쪽

64쪽

1. 火山 2. 火星 3. ③ 4. ②
5. ④ 6. ①

65쪽

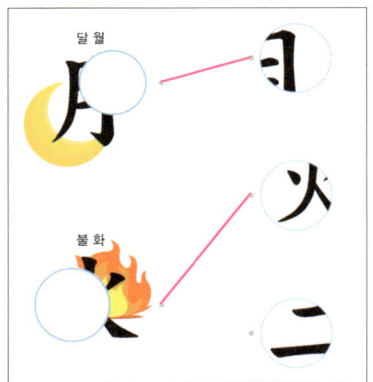

13일

66쪽

68쪽

1. ④ 2. ② 3. ① 4. ③
5. 水

69쪽

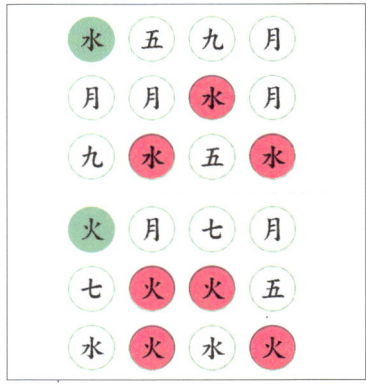

14일

70쪽

72쪽

1. ④ 2. ② 3. ① 4. ③
5. ① 6. ③

73쪽

15일

74쪽

76쪽

1. ③ 2. ④ 3. ④ 4. 달
5. 물 6. 쇠

77쪽

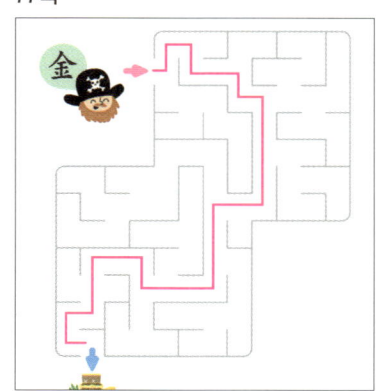

족집게 예상 문제

78쪽

1. ④ 2. ② 3. ① 4. ① 5. ③
6. ④ 7. ② 8. ③

4주차

16일

80쪽

82쪽
1. ①   2. ③   3. ④   4. ②
5. ②   6. ①

83쪽

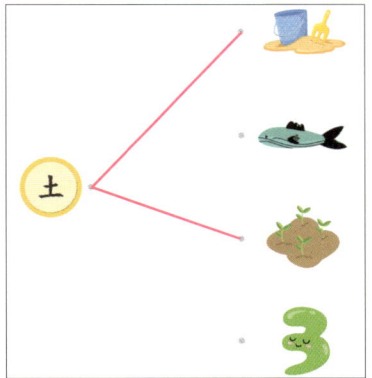

17일

84쪽

86쪽
1. 日   2. ①   3. ③   4. 불
5. 나무   6. 해

87쪽

18일

88쪽

六 女 人 女 人 八

90쪽
1. 父女   2. 少女   3. ④   4. 1
5. 3

91쪽

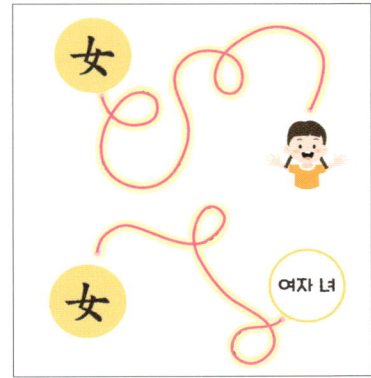

19일

92쪽

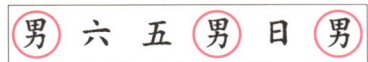

94쪽
1. ①   2. ③   3. ④   4. ②
5. ③   6. ④

95쪽

20일

96쪽

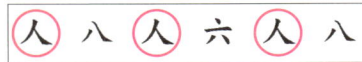

98쪽
1. ②   2. ③   3. ③   4. ①
5. ④   6. ③

99쪽

족집게 예상 문제

100쪽
1. ②   2. ①   3. ③   4. ④   5. ③
6. ①

5주차

21일

102쪽

子 男 九 子 八 弟

104쪽
1. 子女   2. 母子   3. 子   4. 男
5. 자녀   6. 이남 이녀

105쪽

22일

106쪽

父 六 子 父 父 女

108쪽
1. 父子   2. 父女   3. ④   4. ②
5. ③   6. ②

109쪽

23일

110쪽

女 母 母 四 四 母

112쪽
1. ④   2. ②   3. ③   4. ④
5.

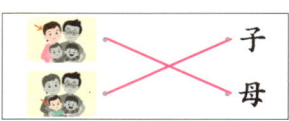

113쪽

24일

114쪽

男 兄 兄 男 兄 男

116쪽
1. 女   2. 兄   3. ①   4. ③
5. 4   6. 5

117쪽

25일

118쪽

男 弟 弟 男 弟 八

120쪽
1. 형   2. 동생   3. 어머니   4. ①
5. ④   6. ③   7. ③

121쪽

족집게 예상 문제

122쪽
1. ①   2. ③   3. ④   4. ③   5. ①
6. ②   7. ④

6주차

26일

124쪽

男 (東) 子 (東) 母 父

126쪽
1. 東西 2. 東門 3. ② 4. ④
5. ③ 6. ①

127쪽

27일

128쪽

(西) 四 五 (西) (西) 四

130쪽
1. ② 2. ① 3. ④ 4. ②
5. ① 6. ②

131쪽

28일

132쪽

男 (南) 東 (南) 母 (南)

134쪽
1. ① 2. ④ 3. 동녘 4. 남녘
5. ② 6. ③

135쪽
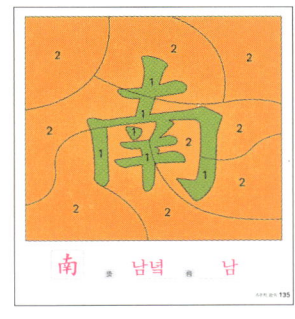

29일

136쪽

(北) 七 (北) 女 九 (北)

138쪽
1.
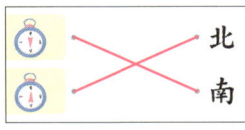

2. ④ 3. ① 4. ③

139쪽

30일

140쪽

(門) 北 (門) (門) 日 月

142쪽
1. 大門 2. 窓門 3. ③ 4. ②
5. ② 6. ②

143쪽

족집게 예상 문제

144쪽
1. ② 2. ① 3. ② 4. ③ 5. ①
6. ② 7. ③

모의시험

151쪽

1회 한자급수자격검정시험 8급 정답									
1	①	6	①	11	③	16	③	21	①
2	②	7	④	12	③	17	①	22	③
3	③	8	③	13	①	18	②	23	①
4	②	9	④	14	②	19	④	24	②
5	④	10	①	15	④	20	②	25	④

152쪽

2회 한자급수자격검정시험 8급 정답									
1	③	6	②	11	②	16	④	21	②
2	④	7	②	12	②	17	①	22	④
3	③	8	④	13	③	18	③	23	①
4	③	9	③	14	①	19	③	24	④
5	④	10	①	15	②	20	②	25	②

153쪽

3회 한자급수자격검정시험 8급 정답									
1	④	6	①	11	④	16	④	21	③
2	③	7	②	12	③	17	①	22	①
3	①	8	④	13	①	18	③	23	④
4	②	9	②	14	②	19	③	24	①
5	④	10	①	15	②	20	②	25	③

[제0-3호 서식]

제 □ 회 대한민국한자급수자격검정시험 답안지

시행 대한민국한자교육연구회 / KTA 대한검정회

※ 주 의 사 항

1. 답안지가 구겨지거나 더럽혀지지 않도록 할 것. 모두 □안의 기록하는 첫 칸부터 한 자씩 붙여 쓸 것.
2. 답안지의 모든기재 사항은 검정색 볼펜을 사용하여 기재하고 해당란에 한해 한 칸에의 답에만 ● 처럼 칠할 것.
 – 검정색볼펜
3. 수험번호와 생년월일을 정확하게 기재하여 주십시오
4. ※ 표시가 있는 란은 절대 기입하지 말 것.
5. 기재오류로 인한 책임은 모두 응 시자 여러분에게 있습니다.

※ 시험종료 후 시험지 및 답안지를 반드시 제출하십시오.

※ 참고사항

※ 예 : 2001. 11. 22 ⇨ 01 11 22

▲ 시험준비물
 – 수험표
 – 신분증
 – 수정테이프
 – 검정색볼펜
◈ 시험준비물을 제외한 모든 물품은 가방에 넣어 지정된 장소에 보관할 것.
▲ 시험시간 : 14:00~14:40(40분)
▲ 합격기준 : 100점 만점 중 70점
▲ 합격자발표 : 시험 한 달 뒤 발표
 – 홈페이지 및 ARS(060-700-2130)
▲ 자격증 교부방법
 – 방문접수자는 접수처에서 교부
 – 인터넷접수자는 개별발송

성 명

수험번호 — (생년월일(주민번호 앞 6자리))

응시등급표기란
8급 ○
7급 ○

※ 감 독 관 확 인 란

성 별
남 ○
여 ○

답 안 표 기 란

1	① ② ③ ④	6	① ② ③ ④	11	① ② ③ ④	16	① ② ③ ④	21	① ② ③ ④
2	① ② ③ ④	7	① ② ③ ④	12	① ② ③ ④	17	① ② ③ ④	22	① ② ③ ④
3	① ② ③ ④	8	① ② ③ ④	13	① ② ③ ④	18	① ② ③ ④	23	① ② ③ ④
4	① ② ③ ④	9	① ② ③ ④	14	① ② ③ ④	19	① ② ③ ④	24	① ② ③ ④
5	① ② ③ ④	10	① ② ③ ④	15	① ② ③ ④	20	① ② ③ ④	25	① ② ③ ④

대한견정회 한자급수자격검정시험 오프라인 시험 답안지 작성법

1. 답안지 작성시 준비물

- 응시자는 시험 시작 전 신분 확인을 위한 수험표, 신분증(청소년증, 학생증, 주민등록증, 본회 카드자격증 등)과 시험 준비물인 검정 볼펜, 수정 테이프를 책상 위에 꺼내 놓습니다.

2. 응시자 정보 및 응시 정보 기재

- 답안지를 받으면 답안지 상단의 휘지를 내용 안에 정확히 기재한 후, 본인이 응시한 해당 시험 종류에 반드시 마킹합니다.
- 앞면 윗부분의 "제 ☐☐회의 ☐ 안에 휘지를 반드시 기재하고, "한자급수자격검정시험" 마킹란에 마킹합니다.
- 성명란은 첫 칸부터 한 자씩 채워 씁니다. (점선 내 글자 이상인 성명을 위한 것입니다.)
- 응시자는 수험표에 기록된 수험 번호와 이름을 시험지에 정확히 기입 후, 답안지에도 수험 번호를 " - " 기호 없이 기입한 후 해당 부분에 정확히 마킹합니다.
- 수험 번호의 응시 급수는 반드시 ☐ 안에 첫 번째 칸부터 정확하게 쓰고, 하단에 본인이 직접 마킹합니다. (한문경시대회 부문 표기란 부분은 마킹하지 않습니다. 6·5·4·3·2·1급은 첫 번째 칸에만 작성합니다.
- 생년월일란은 반드시 ☐ 안에 첫 번째 칸부터 정확하게 쓰고, 하단에 본인이 직접 마킹합니다. 성별도 빠짐없이 마킹합니다. (※수험 번호 및 인적 사항 모를 시에는 부모 및 수험표를 참고하도록 합니다.)

3. 답안지 작성 유의 사항

- 올바른 답안지 마킹 방법을 숙지합니다. 검정 볼펜을 사용하여 ()(동그라미 간) 안의 전체를 정확하게 칠합니다.
- 답안 수정은 반드시 수정 테이프를 사용하고, 받으는 대신 쓸 필요가 없습니다. 기재 오류로 인한 책임은 모두 응시자에게 있습니다.
- 답안지에는 낙서하지 않습니다. 경우 훼손으로 낙서하지 않습니다. 채점란은 절대 답안하거나 칠하지 않도록 합니다. 답안지를 구기거나 정자 훼손에 의한 모든 처리는 수험자에게 그 책임이 있습니다. (본인의 답지 훼손에 의한 모든 처리는 수험자에게 그 책임이 있습니다.)

QR코드를 인식하면 오프라인 시험의 답안지 작성법 영상으로 상세하게 배울 수 있으며, 금속한 답안지 샘플을 다운받을 수 있습니다.

QR코드를 인식하면 온라인 시험의 유의 사항과 답안지 작성법 영상으로 상세하게 배울 수 있으며, 기타 안내 사항을 확인할 수 있습니다.

QR코드를 인식하면 온라인 시험 접수자가 온라인 응시 환경에 맞춰 실제 시험과 같은 환경에서 모의시험에 응할 수 있습니다.

대한민국한자급수자격검정시험 답안지

[제0-3호 서식]

사단법인 대한민국한자교육연구회 / 대한검정회

※ 주 의 사 항

1. 답안지가 구겨지거나 더럽혀지지 않도록 할 것. 모든 □안의 기록은 첫 칸부터 한 자씩 붙여 쓸 것.
2. 답안지의 모든기재 사항은 검정색 볼펜을 사용하여 기재하고 해당란 호에 한하여 답에 ● 처럼 칠할 것.
3. 수험번호와 생년월일을 정확하게 기재하여 주십시오.
4. ※ 표시가 있는 란은 절대 기입하지 말 것.
5. 기재오류로 인한 책임은 모두 응시자 여러분에게 있습니다.

※ 시험종료 후 시험지 및 답안지를 반드시 제출하십시오.

※ 참고사항

※ 예 : 2001. 11. 22 ⇔ 01 11 22

▲ 시험준비물
- 수험표
- 신분증
- 수정테이프
- 검정색볼펜
◈ 시험준비물을 제외한 모든 물품은 가방에 넣어 지정된 장소에 보관할 것.
▲ 시험시간 : 14:00~14:40(40분)
▲ 합격기준 : 100점 만점 중 70점
▲ 합격자발표 : 시험 한 달 뒤 발 표
 홈페이지 및 ARS(060-700-2130)
▲ 자격증 교부방법
 -방문접수자는 접수처에서 교부
 -인터넷접수자는 개별발송

성 명

수험번호

시 등 표 급 기 란
8급 ○
7급 ○

※ 감독관 확인란

성별: 남 ○ 여 ○

답 안 표 기 란

1	① ② ③ ④	6	① ② ③ ④	11	① ② ③ ④	16	① ② ③ ④	21	① ② ③ ④
2	① ② ③ ④	7	① ② ③ ④	12	① ② ③ ④	17	① ② ③ ④	22	① ② ③ ④
3	① ② ③ ④	8	① ② ③ ④	13	① ② ③ ④	18	① ② ③ ④	23	① ② ③ ④
4	① ② ③ ④	9	① ② ③ ④	14	① ② ③ ④	19	① ② ③ ④	24	① ② ③ ④
5	① ② ③ ④	10	① ② ③ ④	15	① ② ③ ④	20	① ② ③ ④	25	① ② ③ ④

대한검정회 한자급수자격검정시험 오프라인 시험 답안지 작성법

1. 답안지 작성시 준비물

- 응시자는 시험 시작 전 신분 확인을 위한 수험표, 신분증(청소년증, 학생증, 주민등록증, 본회 카드자격증 등)과 시험 준비물인 검정 볼펜, 수정 테이프를 책상 위에 꺼내 놓습니다.

2. 응시자 정보 및 응시 정보 기재

- 답안지를 받으면 답안지 상단의 훈차를 내모 안에 정확히 기재한 후, 본인이 응시한 시험 종류에 반드시 마킹합니다.
- 답면 윗부분의 "제 □□회"의 □안에 훈차를 반드시 기재하고, "한자급수자격검정시험" 마킹란에 마킹합니다.
- 성명란은 첫 칸부터 "제" 칸부터 한 자씩 채워 씁니다. (점선 □ 칸은 내 글자 이상인 성명을 위한 것입니다.)
- 응시자는 수험표에 기록된 수험 번호와 이름을 시험지에 정확히 기입 후, 답안지에도 수험표에 정확히 마킹합니다.
- 수험 번호의 응시 급수는 반드시 □ 안에 첫 번째 칸부터 정확하게 쓰고, 하단에 본인이 직접 마킹합니다. (한문경시대회 부문 표기란 부분은 마킹하지 않습니다.)
- 생년월일란은 반드시 □ 안에 첫 번째 칸부터 정확히 적혀하게 쓰고, 하단에 본인이 직접 마킹합니다. 성별도 빠짐없이 마킹합니다. (※수험 번호 및 인적 사항을 모를 시에는 부문 및 수험표를 참고하도록 합니다.)

QR코드를 인식하면 오프라인 시험의 유의 사항과 답안지 작성법 영상으로 상세하게 배울 수 있으며, 기타 안내 사항들도 확인할 수 있습니다.

3. 답안지 작성 유의 사항

- 올바른 답안지 마킹 방법을 숙지합니다. 검정 볼펜을 사용하여 ()(동그라미 컷) 안의 전체를 정확하게 칠합니다.
- 답안 수정은 반드시 테이프를 사용하고, 받으는 대시 쓸 필요가 없습니다. 기재 오류로 인한 책임은 모두 응시자에게 있습니다.
- 답안지에 낙서하지 않습니다. 검정 볼펜만에 낙서하지 않습니다. 채점란은 절대 다답하거나 칠하지 않도록 합니다. 답안지를 구기거나 접지 않습니다. (본인 답지 훼손에 의한 오답 처리는 수험자에게 그 책임이 있습니다.)

QR코드를 인식하면 오프라인 시험의 유의 사항과 답안지 작성법 영상으로 상세하게 배울 수 있으며, 급수별 답안지 샘플을 다운받을 수 있습니다.

QR코드를 인식하면 온라인 시험 접수자가 완료된 응시자에 한하여 실제 시험과 같은 환경에 맞춘 모의시험에 응할 수 있습니다.

[제0-3호 서식]

제 □ 회 대한민국한자급수자격검정시험 답안지

사단법인 대한민국한자교육연구회 / KTA 대한검정회

성명

수험번호

응시급표 □
8급 ○
7급 ○

※ 모든 기록은 □안의 첫 칸부터 자써 붙여 쓰시오.
(정확하게 기재하고 해당란에 ● 처럼 칠할 것.)

※ 감독확인란

생년월일(주민번호 앞 6자리)

성별
남 ○
여 ○

※ 주의사항

1. 답안지가 구겨지거나 더럽혀지지 않도록 할 것. 모든 □안의 기록은 첫 칸부터 한 자씩 붙여 쓸 것.
2. 답안지의 모든 기재 사항은 검정색 볼펜을 사용하여 기재하고 해당번호에 한개의 답에만 ● 처럼 칠할 것.
3. 수험번호와 생년월일을 정확하게 기재하여 주십시오
4. ※ 표시가 있는 란은 절대 기입하지 말 것.
5. 기재오류로 인한 책임은 모두 응시자 여러분에게 있습니다.

※ 시험종료 후 시험지 및 답안지를 반드시 제출하십시오.

※ 예: 2001. 11. 22 ⇒ 01 11 22

※ 참고사항
▲ 시험준비물
 - 수험표
 - 신분증
 - 수정테이프
 - 검정색볼펜
◆ 시험준비물을 제외한 모든 물품은 가방에 넣어 지정된 장소에 보관할 것.
▲ 시험시간 : 14:00~14:40(40분)
▲ 합격기준 : 100점 만점 중 70점
▲ 합격자발표 : 시험 한 달 뒤 발표
 - 홈페이지 및 ARS(060-700-2130)
▲ 자격증 교부방법
 - 방문접수자는 접수처에서 교부
 - 인터넷접수자는 개별발송

답안표기란

1	①	②	③	④	11	①	②	③	④
2	①	②	③	④	12	①	②	③	④
3	①	②	③	④	13	①	②	③	④
4	①	②	③	④	14	①	②	③	④
5	①	②	③	④	15	①	②	③	④
6	①	②	③	④	16	①	②	③	④
7	①	②	③	④	17	①	②	③	④
8	①	②	③	④	18	①	②	③	④
9	①	②	③	④	19	①	②	③	④
10	①	②	③	④	20	①	②	③	④
21	①	②	③	④					
22	①	②	③	④					
23	①	②	③	④					
24	①	②	③	④					
25	①	②	③	④					

대한검정회 한자급수자격검정시험 오프라인 시험 답안지 작성법

1. 답안지 작성시 준비물

- 응시자는 시험 시작 전 신분 확인을 위한 수험표, 신분증(청소년증, 학생증, 주민등록증, 보험 카드자격증 등)과 시험 준비물인 검정 볼펜, 수정 테이프만을 책상 위에 꺼내 놓습니다.

2. 응시자 정보 및 응시 정보 기재

- 답안지를 받으면 답안지 상단의 휘자를 내모 안에 정확히 기재한 후, 본인이 응시한 해당 시험 종류에 반드시 마킹합니다.
- 앞면 윗부분의 "제 □□회"의 □ 안에 휘자를 반드시 기재하고, "한자급수자격검정시험" 마킹란에 마킹합니다.
- 성명란은 첫 칸부터 한 자씩 채워 씁니다. (점선 □ 칸은 내 글자 이상인 성명을 위한 것입니다.)
- 응시자는 수험표에 기록된 수험 번호와 이름을 시험지에 정확히 기입 후, 답안지에도 수험 번호 " – " 기호 없이 기입한 후 해당 부분에 정확히 마킹 합니다.
- 수험 번호의 응시 등급은 □ 안에 첫 번째 칸부터 정확하게 쓰고, 하단에 본인이 직접 마킹합니다. (한문경시대회 부분 표기란 부분은 마킹하지 않습니다. 6·5·4·3:1급은 첫 번째 칸에만 작성합니다.
- 생년월일란은 반드시 □ 안에 첫 번째 칸부터 정확하게 쓰고, 하단에 본인이 직접 마킹합니다. (※수험 번호 및 인적 사항을 모를 시에는 부모 및 수험표를 참고하도록 합니다.)

QR코드를 인식하면 온라인 시험의 유의 사항과 답안지 작성법을 영상으로 상세하게 배울 수 있으며, 기타 안내 사항들도 확인할 수 있습니다.

3. 답안지 작성 유의 사항

- 올바른 답안지 마킹 방법을 숙지합니다. 검정 볼펜을 사용하여 ●(동그라미 칸) 안을 전체를 정확하게 칠합니다.
- 답안 수정은 반드시 수정 테이프를 사용하고, 반드시 다시 쓸 필요가 없습니다. 기재 오류로 인한 책임은 모두 응시자에게 있습니다.
- 답안지에는 낙서하지 않습니다. 감독 확인란에 낙서하지 않습니다. 채점란은 절대 답하기거나 점지 않습니다. 답안지를 구기거나 접지 않습니다. (본인의 답지 훼손에 의한 모든 처리는 수험자에게 그 책임이 있습니다.)

QR코드를 인식하면 온라인 시험 접수가 완료된 응시자에 한하여, 실제 시험과 같은 환경에 맞춘 모의시험에 응시할 수 있습니다.

QR코드를 인식하면 오프라인 시험의 답안지 작성법을 영상으로 상세하게 배울 수 있으며, 금수별 샘플 다운받을 수 있습니다.

8급 한자 카드

一 한 일	二 두 이	三 석 삼

		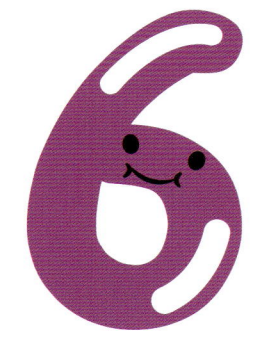
四 넉 사	五 다섯 오	六 여섯 륙

七 일곱 칠	八 여덟 팔	九 아홉 구

十 열십	月 달월	火 불화

水 물수	木 나무목	金 쇠금

土 흙토	日 날일	人 사람인

男 　사내 남	女 　여자 녀	子 　아들 자

父 　아버지 부	母 　어머니 모	兄 　맏 형
	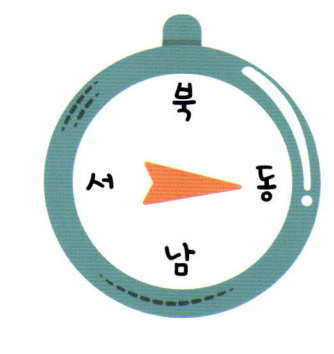	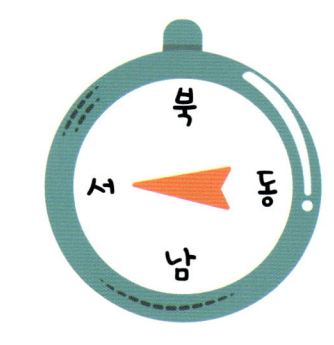
弟 　아우 제	東 　동녘 동	西 　서녘 서

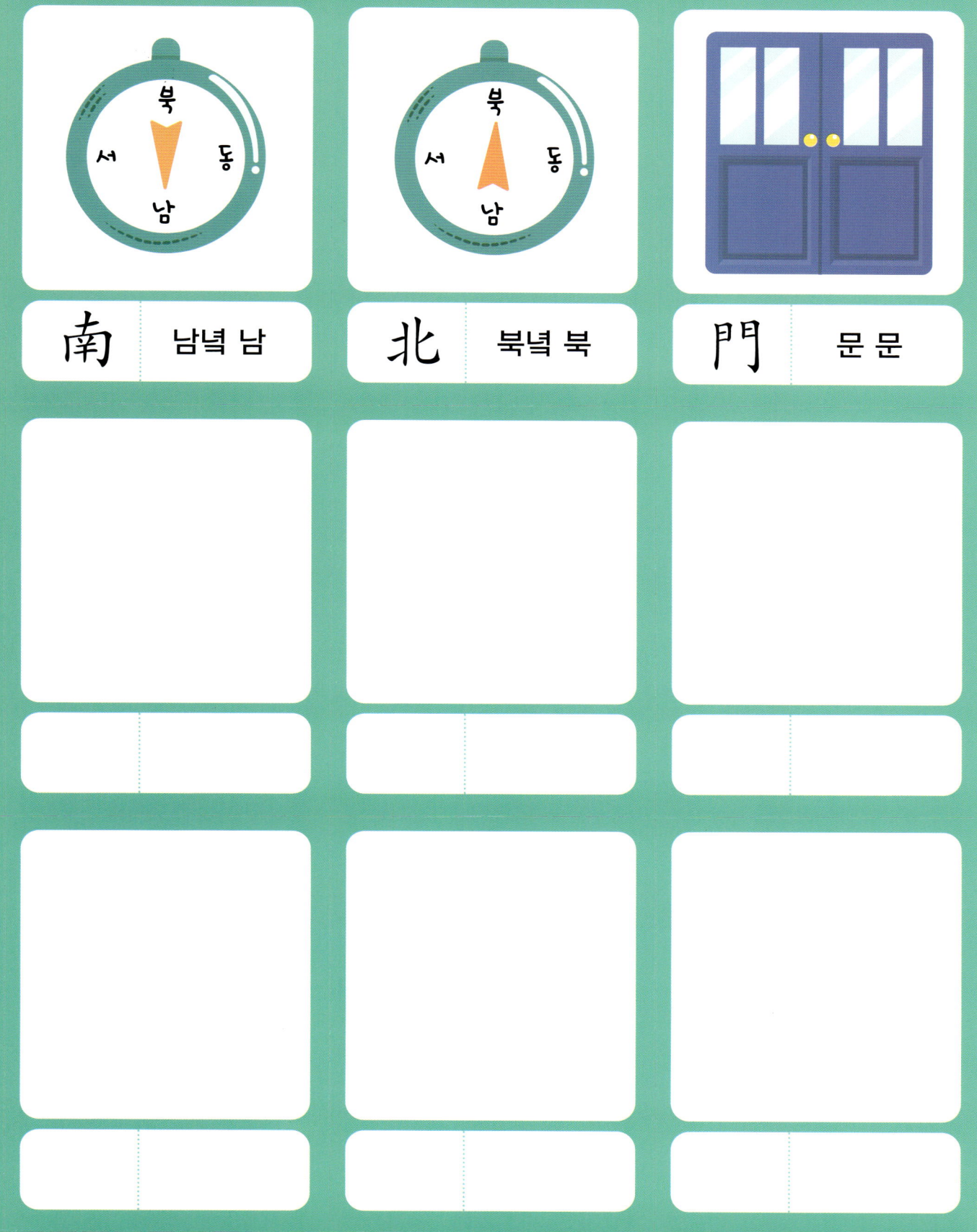

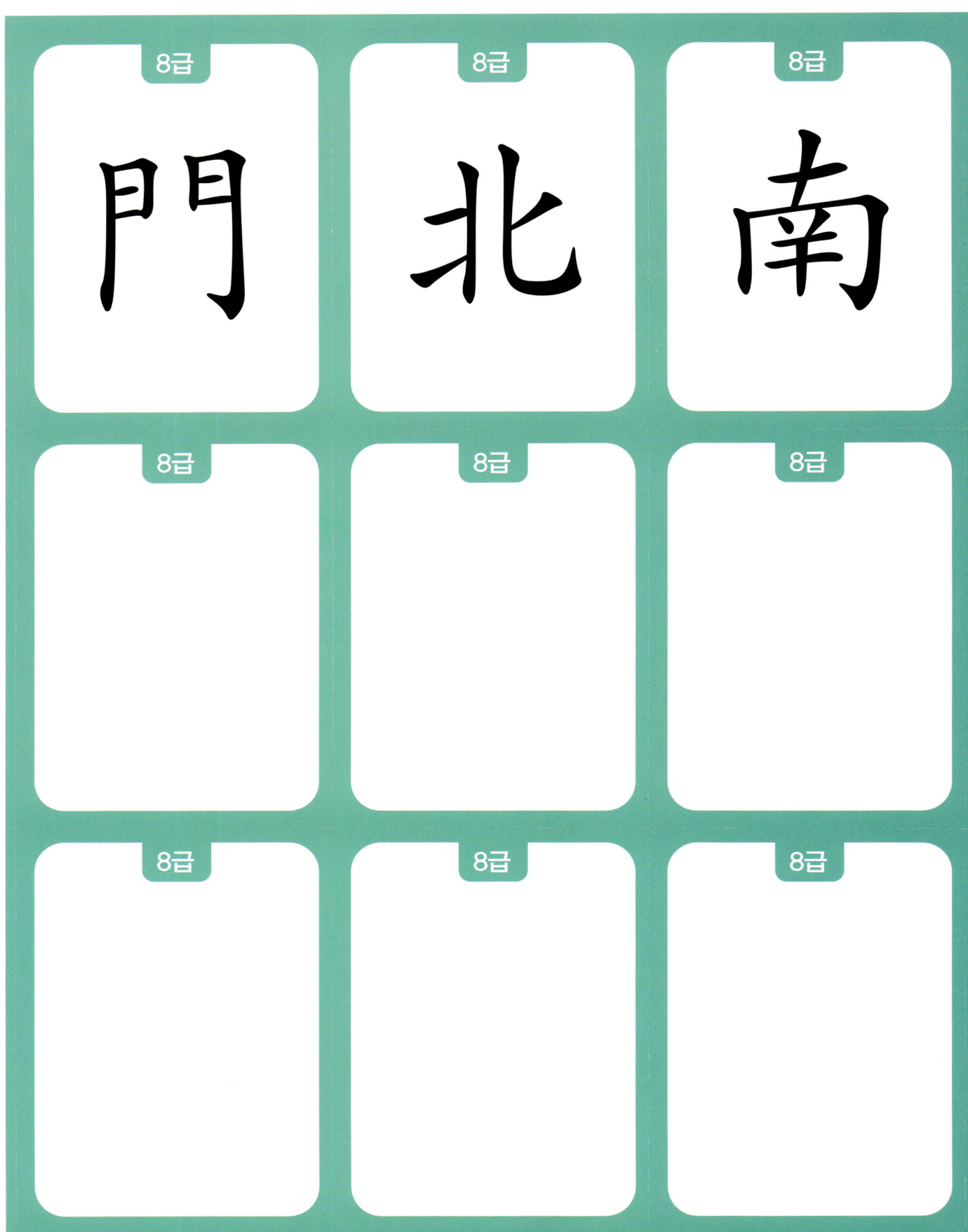